全国高等职业教育“十二五”规划教材·连锁经营管理专业

# 连锁经营管理原理

## （第2版）

邓汝春　主　编

王　赟　刘海兰　叶　飞　副主编



電子工業出版社

Publishing House of Electronics Industry

北京·BEIJING

## 内 容 简 介

本教材作为连锁经营管理专业的规划教材之一，内容浅显、易懂，专业知识新颖、系统、实用，在介绍基础理论的同时，插入大量紧扣实际的企业案例，并配有实训项目，非常有助于教师的教学和学生的学习。

本教材内容分为八个模块，分别为认识连锁经营、连锁经营的行业分布与业态选择、连锁企业的组织管理、连锁企业的区域扩张与选址评估、连锁企业的营销管理、连锁企业的门店管理、连锁企业的战略管理、连锁企业的管理系统。正文后附有《商业特许经营管理条例》、《零售商促销行为管理办法》。

本教材可作为高等院校，尤其是高职高专院校连锁经营管理专业的规划教材，也可作为经管类其他专业的相关教材，还可作为连锁企业经营和管理人员的参考用书和企业培训教材。

本教材还配有电子教案、教学课件、参考答案、试题库、案例库等相关资源，详见前言。



**图书在版编目（CIP）数据**

连锁经营管理原理 / 邓汝春主编. —2版. —北京：电子工业出版社，2013.7

全国高等职业教育“十二五”规划教材. 连锁经营管理专业

ISBN 978-7-121-20709-9

Ⅰ. ①连…　Ⅱ. ①邓…　Ⅲ. ①连锁经营－经营管理－高等职业教育－教材　Ⅳ. ①F717.6

中国版本图书馆 CIP 数据核字（2013）第 130787 号

策划编辑：刘元婷
责任编辑：张云怡　　文字编辑：刘元婷
印　　刷：北京七彩京通数码快印有限公司
装　　订：北京七彩京通数码快印有限公司
出版发行：电子工业出版社
　　　　　北京市海淀区万寿路 173 信箱　邮编 100036
开　　本：787×1 092　1/16　印张：10.75　字数：275 千字
版　　次：2007 年 6 月第 1 版
　　　　　2013 年 7 月第 2 版
印　　次：2021 年 7 月第 7 次印刷
定　　价：23.50 元

凡所购买电子工业出版社图书有缺损问题，请向购买书店调换。若书店售缺，请与本社发行部联系，联系及邮购电话：（010）88254888，88258888。

质量投诉请发邮件至 zlts@phei.com.cn，盗版侵权举报请发邮件至 dbqq@phei.com.cn。

本书咨询联系方式：（010）88254573，zgz@phei.com.cn。

# 再版说明

高等职业教育是我国职业教育的重要组成部分，在我国现代化建设中具有重要的战略地位。近年来，我国高等职业教育迅速发展，为社会培养了大批高等应用型专门人才，满足了社会和经济发展的需要。

为了适应我国职业教育改革的需要，突出职业教育的特色，满足高等职业院校对实用教材的需求，电子工业出版社在对相关院校相关专业的教学和课程设置进行广泛调查研究的基础上，于2006年10月组织全国数十所高等职业院校，在上海召开了“全国高等职业教育连锁经营管理专业规划教材研讨会”，确定了专业主干教材和基础课教材十多种。与会代表多是所在学校的领导和业务骨干，其中不乏国家级和省、市级科研或教研项目的负责人和参与者，全国性或地区性专业学会会员，以及既有丰富教学经验又有丰富实践经验的“双师型”教师。第1版教材推出后，获得了相关院校师生的广泛认可和一致好评。

为了进一步提升教材品质，反映近年来我国高等职业教育改革的成果和经验，电子工业出版社特邀学校、企业和行业组织的各位专家，于2012年5月在北京召开了“全国高职院校连锁经营管理专业建设及教学改革研讨会”暨“连锁经营管理专业教材修订编写研讨会”，结合各高校使用第1版教材后的反馈意见、连锁企业提出的建议、高等职业教育的改革经验与成果，以及高职学生的接纳习惯，对第1版教材进行了全面修订。修订后的教材具有以下特点。

1．坚持知识、能力、素质协调发展，突出对专业操作能力的培养。教材在内容和课时两方面都力求适应高等职业教育改革的要求，理论以够用为度，加强实际操作训练，注重对高职学生职业技术能力和管理素质的培养。

2．坚持产教结合，理实接轨。本次修订在编写队伍上进行了调整，邀请了零售、物流等大型连锁企业的相关人员参与审阅与编写，为教材注入了活力。

3．兼顾学历课程内容与职业资格应试内容，提升高职学生的岗位竞争能力。教材内容结合高等职业学历教育和相关职业资格考试所要求的内容，力求适合实际岗位的变化和新的要求。因此大多数教材既可以作为高等职业学历教育教材，也可以作为成人高校、自学考试及职业资格培训的教学用书和自学用书。

4．关注相关法律、法规的颁布和修订，力求教材内容与时俱进，充分体现相关法律、法规的新规定和新内容。

5．配套教学参考资料，为高职师生的教和学提供方便和帮助。教学参考资料主要包括习题参考答案、电子课件、电子教案、课程教学建议等，可为课程教学安排提出指导性意见，减轻教师的备课负担，解决教师在组织实训资料方面遇到的困难；精美、形象的电子教案既有利于学生更好地理解教材内容，又可提高学生的学习兴趣。

我们相信，该套教材的再版对于高等职业教育的改革与发展和高等职业专业人才的培养将起到积极的推动作用。对于教材中的一些不尽如人意之处，我们将不断地进行修订、完善和充实，以便更好地服务于我国的高等职业教育。

电子工业出版社

高职教育分社

2013年5月

# 第2版前言

连锁经营是我国目前商业领域的一支生力军。20世纪90年代以来，我国的连锁企业无论在企业数量方面还是在销售量方面，都有了非常大的提高。连锁经营已成为目前商业领域中发展最快的一种商业形态。连锁经营在我国十多年的发展进程中，以其旺盛的生命力，在零售业、餐饮业、服务业等相关产业中占据了重要的地位，成为众多厂家、商家开展生产经营活动，以及广大老百姓进行消费活动的首选。

在连锁企业快速发展的同时，我们也应该看到，我国的连锁企业经营管理水平还比较低，专业人才还比较少，而社会上对连锁经营与管理人才的需求则越来越旺盛。因此，我国不少高职高专院校近年来纷纷开设了连锁经营管理专业。这套“连锁经营管理”教材就是在这样的背景下由电子工业出版社组织编写和出版的。《连锁经营管理原理》是其中的一本，主要介绍有关商业的基本知识，连锁经营的起源与发展、特征与类型，以及经营与管理等方面的内容。

经过几年的使用，在广泛征求相关院校教师和学生意见的基础上，根据我国连锁事业的发展状况，我们再版了这本教材。与第1版相比，《连锁经营管理原理（第2版）》内容更为全面，形式更为多样，教学更加适用。本教材具有以下几个方面的特点。

1. 保持第1版教材的主要特色，知识介绍力求系统、全面，但不对某一个问题进行深入研究。理论体现系统性与全面性、现实性与可操作性、理论性与实践性的结合，从专业、系统的角度给学生一个全面的认识，而不对某一个问题进行深入研究，避免与其他专业教材的内容相重复。本书所涉及的内容都紧扣现实，有些内容具有可操作性。

2. 栏目设置灵活，可帮助学生更好地理解和掌握知识。每个模块开篇设有“引导案例”、“学习要点”、“职业指导”；正文中穿插“案例链接”和“知识扩展”，丰富阅读的同时又紧扣理论，对其诠释非常到位，且实践性强，可帮助学生拓宽视野，实时把握行业脉搏；模块结尾设有“复习思考题”、“案例分析”、“实训项目”，巩固所学知识，融会贯通。

3. 对相关内容进行调整、优化。根据职业教育理论的发展趋势，采用了模块化教学的组织形式。增加了实训内容，注重教、学、做一体化，培养学生的实际动手能力。

为方便教师教学，本教材还配有免费的电子教案、教学课件、参考答案、试题库、案例库，请有此需要的教师登录华信教育资源网（www.hxedu.com.cn），免费注册后进行下载。

本教材由邓汝春担任主编，王赟、刘海兰、叶飞担任副主编；其中模块一、模块二由邓汝春编写，模块三、模块四由王赟编写，模块五、模块六由刘海兰编写，模块七、模块八由叶飞编写；本教材由龚德沛副教授担任主审。本教材在编写过程中，参考和引用了许多专家学者的相关资料，在此表示感谢。同时对第1版的编写者卢丁宁、邱晓东、蒋小龙等老师对本教材所做出的贡献表示衷心的感谢！

由于作者水平有限，可能存在许多错误和不足，还望相关读者指正。

编　者

2013年3月

# 第 1 版前言

连锁经营是我国目前商业领域的一支生力军。20 世纪 90 年代以来，我国的连锁企业无论在企业数量方面还是在销售量方面，都有了非常大的提高。连锁经营已成为目前商业领域中发展最快的一种商业形态。连锁经营在我国十多年的发展进程中，以其旺盛的生命力，在零售业、餐饮业、服务业中占据了重要的地位，成为众多厂家、商家开展生产经营活动以及广大老百姓进行消费活动的首选。

在连锁企业快速发展的同时，我们也应该看到，我国的连锁企业经营管理水平还比较低，专业人才还比较少，社会上对连锁经营与管理的人才需求越来越旺盛。因此，我国不少高职高专院校近年来纷纷开设了连锁经营管理专业。这套“连锁经营管理”教材就是在这样的背景下由电子工业出版社组织编写和出版的。

《连锁经营管理原理》是这套教材中的一本，主要介绍有关商业的基本知识，连锁经营的起源与发展、特征与类型以及经营与管理等方面的内容。本书具有以下几个方面的特点。

1．系统性和全面性。本书通常是作为连锁经营管理专业的第一本专业教材，从专业系统的角度给学生一个全面的认识，而不对某一个问题进行深入的研究，以避免与其他专业教材的内容相重复。

2．现实性和可操作性。连锁经营本身就是一个现代化的商业模式，因此，本书所涉及的内容都紧扣现实，有些内容还具有可操作性。

3．理论性与实践性。本书主要讲连锁经营管理原理，理论性非常强。但为了让学生能更好地理解和掌握这些原理，本书插入了许多小案例。这些小案例紧扣理论，对理论的诠释非常到位，实践性非常强。

本书由邓汝春担任主编，卢丁宁和邱晓东担任副主编；其中第 1 章、第 2 章和第 9 章由邓汝春编写，第 3 章和第 4 章由卢丁宁编写，第 5 章和第 6 章由邱晓东编写，第 7 章和第 8 章由蒋小龙编写；全书由龚德沛副教授担任主审。本书在编写过程中，参考和引用许多专家学者的相关资料，在此表示感谢。由于作者水平的有限，可能存在许多错误和不足，还望相关读者指正。

本书可作为高等院校，尤其是高职高专连锁经营管理专业的规划教材，也可作为其他院校经济类、管理类专业的教材，还可作为连锁企业管理人员的参考书和企业培训教材。

编　者

2007 年 5 月

# 目　　录


**模块一　认识连锁经营** ……………………………………………… (1)

【引导案例】 沃尔玛——全球最大的连锁零售商 …………………………… (1)

【学习要点】 ……………………………………………………… (2)

【职业指导】 ……………………………………………………… (2)

单元一　连锁经营概述 ……………………………………………… (2)

一、连锁经营的概念 ……………………………………………… (2)

二、连锁经营的特征 ……………………………………………… (3)

三、连锁经营的“3S”原则 ………………………………………… (5)

四、连锁经营与传统商业经营的本质区别 …………………………… (6)

单元二　连锁经营的类型 …………………………………………… (8)

一、直营连锁 …………………………………………………… (8)

二、特许连锁 …………………………………………………… (9)

三、自由连锁 …………………………………………………… (10)

单元三　连锁经营的起源与发展 ……………………………………… (12)

一、连锁经营的起源 ……………………………………………… (12)

二、国外连锁经营发展趋势 ………………………………………… (13)

三、我国连锁经营发展概况 ………………………………………… (15)

【复习思考题】 …………………………………………………… (16)

【案例分析】 “真功夫”——如何实现中式快餐标准化 …………………… (16)

【实训项目】 ……………………………………………………… (17)

**模块二　连锁经营的行业分布与业态选择** ……………………………… (18)

【引导案例】 苏果超市——多业态和多品牌协同发展 ……………………… (18)

【学习要点】 ……………………………………………………… (19)

【职业指导】 ……………………………………………………… (19)

单元一　零售业态概述 ……………………………………………… (19)

一、零售业态的概念 ……………………………………………… (19)

二、零售业态的分类 ……………………………………………… (20)

单元二　连锁经营的行业分布与业态分类 ……………………………… (23)

一、连锁经营的行业分布及业种 …………………………………… (23)

二、商品零售连锁经营业态 ………………………………………… (24)

三、服务零售连锁经营业态 ………………………………………… (27)

四、餐饮零售连锁经营业态 ………………………………………… (29)

单元三　连锁经营的业态选择 ………………………………………… (32)

一、影响连锁经营业态选择的要素 ………………………………… (32)

二、连锁经营业态选择的标准 ……………………………………… (33)

【复习思考题】 …………………………………………………… (33)

【案例分析】 破解国美和苏宁快速发展密码 …… (33)
【实训项目】 …… (35)
**模块三 连锁企业的组织管理** …… (36)
【引导案例】 国美电器——“改革到毛细血管”的组织架构调整 …… (36)
【学习要点】 …… (37)
【职业指导】 …… (37)
单元一 连锁企业组织结构设计的原则与程序 …… (37)
一、组织结构设计的原则 …… (37)
二、组织结构设计的程序 …… (38)
单元二 总部的组织结构与管理职能 …… (39)
一、总部的组织机构设置 …… (39)
二、总部的管理职能 …… (41)
单元三 配送中心的组织结构与管理职能 …… (43)
一、配送中心在连锁经营中的作用与功能 …… (43)
二、配送中心的组织机构设置 …… (45)
三、配送中心各部门的管理职能 …… (46)
单元四 门店的组织结构与管理职能 …… (47)
一、门店的管理职能 …… (47)
二、门店的组织机构设置 …… (49)
三、门店主要岗位的职责 …… (50)
【复习思考题】 …… (52)
【案例分析】 肯德基——“整体大于部分之和” …… (53)
【实训项目】 …… (54)
**模块四 连锁企业的区域扩张与选址评估** …… (55)
【引导案例】 日本伊藤洋华堂——选址调查三步走 …… (55)
【学习要点】 …… (56)
【职业指导】 …… (56)
单元一 连锁企业的区域扩张 …… (56)
一、区域扩张的模式 …… (56)
二、区域扩张的路径 …… (58)
单元二 连锁经营的商圈分析 …… (60)
一、商圈的概念 …… (60)
二、商圈的调查与分析 …… (62)
三、商圈划定的方法 …… (64)
单元三 连锁企业的选址评估 …… (65)
一、门店选址的程序 …… (65)
二、选址评估的方法 …… (67)
【复习思考题】 …… (69)
【案例分析】 肯德基——第一店址怎么选 …… (70)
【实训项目】 …… (71)

模块五　连锁企业的营销管理……（72）
【引导案例】 麦德龙在中国率先引入仓储式会员店……（72）
【学习要点】……（72）
【职业指导】……（72）
单元一　连锁企业的目标市场与市场定位……（73）
一、连锁企业的目标市场分析与选定……（73）
二、连锁企业的市场定位……（75）
单元二　连锁企业的商品管理……（76）
一、商品的分类……（76）
二、商品的组合……（78）
单元三　连锁企业的定价管理……（79）
一、定价的程序……（80）
二、定价的方法……（81）
单元四　连锁企业的促销管理……（82）
一、促销的目标……（82）
二、促销的方式……（82）
三、促销活动的实施……（85）
【复习思考题】……（87）
【案例分析】 连锁药店促销——淡季不“淡”……（87）
【实训项目】……（88）
模块六　连锁企业的门店管理……（89）
【引导案例】 家乐福——卖场布局有门道……（89）
【学习要点】……（89）
【职业指导】……（90）
单元一　连锁企业的门店布局……（90）
一、门店布局的基本原则……（90）
二、连锁门店的基本布局……（91）
三、卖场磁石点的运用……（93）
单元二　连锁门店的进货与存货管理……（95）
一、门店进货管理……（95）
二、门店存货管理……（97）
单元三　连锁门店的商品陈列……（99）
一、商品陈列的原则……（99）
二、商品陈列的工具……（101）
三、商品陈列的方法……（102）
单元四　连锁门店的服务管理……（103）
一、门店服务的类型……（103）
二、门店服务项目的设计……（105）
三、提升顾客服务水平……（105）
【复习思考题】……（107）

【案例分析】“我”是谁——品类陈列学问大…………（107）
【实训项目】…………（109）
**模块七　连锁企业的战略管理**…………（110）
【引导案例】大荣的经营战略——低利润、快周转…………（110）
【学习要点】…………（111）
【职业指导】…………（111）
单元一　连锁企业的经营与发展战略…………（111）
一、连锁企业的经营战略…………（111）
二、连锁企业的发展战略…………（114）
单元二　连锁企业的竞争与品牌战略…………（115）
一、连锁企业的竞争战略…………（115）
二、连锁企业的品牌战略…………（117）
【复习思考题】…………（122）
【案例分析】永乐跨半径的五个决策失误…………（122）
【实训项目】…………（123）
**模块八　连锁企业的管理系统**…………（124）
【引导案例】京客隆——创新生鲜食品配送…………（124）
【学习要点】…………（124）
【职业指导】…………（125）
单元一　连锁企业的物流管理系统…………（125）
一、连锁物流的基本概念…………（125）
二、物流在连锁企业中的作用…………（125）
三、连锁企业物流的运作模式…………（126）
四、连锁企业的物流配送中心…………（129）
单元二　连锁企业的信息管理系统…………（133）
一、连锁企业信息管理系统的功能与意义…………（133）
二、连锁企业信息管理系统的构成…………（134）
三、POS 系统…………（134）
四、MIS 系统…………（137）
单元三　连锁企业的人力资源管理系统…………（139）
一、人力资源管理的职能…………（139）
二、人力资源的招聘…………（139）
三、人力资源的培训…………（141）
四、人力资源的管理…………（143）
单元四　连锁企业的财务管理系统…………（145）
一、连锁企业财务管理的意义与特点…………（145）
二、连锁企业财务管理的内容…………（146）
三、连锁企业财务管理的重点…………（148）
【复习思考题】…………（149）

【案例分析】 物美超市——信息化系统解决方案……(149)
【实训项目】……(151)
**附录 A 商业特许经营管理条例**……(152)
**附录 B 零售商促销行为管理办法**……(156)
**参考文献**……(158)

# 模块一

# 认识连锁经营

**【引导案例】**

### 沃尔玛——全球最大的连锁零售商

沃尔玛公司由美国零售业的传奇人物山姆·沃尔顿先生于1962年在美国阿肯色州设立。经过五十多年的发展，沃尔玛公司已经成为世界上最大的私人雇主和连锁零售商，多次荣登《财富》杂志世界500强榜首及当选最具价值品牌。而且，沃尔玛公司在《财富》杂志“2010年最受赞赏企业”调查的零售企业中排名第一。

目前，沃尔玛在全球27个国家开设了超过10 000家商场，员工总数达220多万人，每周光临沃尔玛的顾客达2亿多人次。2013财政年度（2012年2月1日至2013年1月31日）销售额达4 660亿美元，比2012财年增长5%。

沃尔玛于1996年进入中国，在深圳开设了第一家沃尔玛购物广场和山姆会员商店。目前，沃尔玛在中国经营多种品牌和业态，包括购物广场、山姆会员商店、社区店等，截至2012年3月1日，已经在全国21个省、4个直辖市的共140个城市开设了370家商场，在全国创造了超过10.65万个就业机会。

沃尔玛公司采用连锁经营的方式，将独立、分散的商店联合起来，形成全球最大规模的商业体系，并将其“帮助顾客省钱，让他们生活得更美好”的公司核心使命，贯彻到每一家店，服务于每一位顾客。20世纪80年代初，沃尔玛总部建立了自己的商业卫星系统，拥有世界上最庞大的民用数据库。通过计算机屏幕，沃尔玛的管理人员可以随时得知万里之外任何一家分店的运行情况，随时控制商品库存和进货。

资料来源：根据沃尔玛官方网站资料整理.

【学习要点】

- 掌握连锁经营的概念及基本特征，了解连锁经营与传统商业经营的不同；
- 掌握直营连锁、特许连锁和自由连锁的特点，并明确三者的区别；
- 了解国内外连锁经营发展的基本情况。

【职业指导】

- 连锁经营的发展是实现企业从劳动密集型向技术密集型转换的过程，也就是说，企业不仅要对传统营运过程中的硬件设施进行改造，还要按照现代信息技术管理的要求对资源进行配置，这就需要大量的连锁经营的管理人才和技术人才；
- 通过本模块的学习，在了解连锁经营基本内容的基础上，能够分析连锁经营与传统商业经营的区别；能够根据三种具体的连锁经营类型的优、缺点，选择正确的连锁经营的类型。

# 单元一　连锁经营概述

## 一、连锁经营的概念

连锁经营作为当今商业活动中最富活力和最具成长潜力的经营方式，在世界各国广泛流行，成为许多国家商业经营的主流形式。已经走近我们身边的麦当劳、肯德基、沃尔玛、家乐福、7-11、宜家等世界著名企业，都是连锁经营的成功实践者，它们向世界展示了连锁经营的巨大魅力，也引起了人们对连锁经营内涵的探索。

### 1. 连锁店

连锁店是连锁经营外在的组织表现形式。我国 1997 年发布的《连锁店经营管理规范意见》中规定，连锁店是指经营同类商品、使用统一商号的若干门店，在同一总部的管理下，采取统一采购或授予特许权等方式，实现规模效益的经营组织形式。

在国际连锁经营协会及西方各国政府的规定中，往往把经营 10 个以上商店的零售业或餐饮业组织称为连锁店。需要注意的是，国外定义中对连锁店数量上的规定，只是一种法律上、统计上的规定，并不是经营上的划分标志。划分连锁经营的标志时仍应考察其经营管理的特点是否符合连锁经营的特征。

### 2. 连锁经营方式

连锁经营方式是一种现代企业的经营方式和管理制度，是指在同一经营总部领导下的若干分支企业或门店构成的联合体，为实现规模效益所进行的统一的商业经营活动。

## 二、连锁经营的特征

连锁经营的内涵是高度统一，这体现在四个方面：企业形象识别系统及商标统一；商品和服务统一；经营管理统一；经营理念统一。这四个统一是有层次的，从外在向内涵递进，如图 1.1 所示，连锁企业随着四个层次的逐步统一而不断走向成熟。

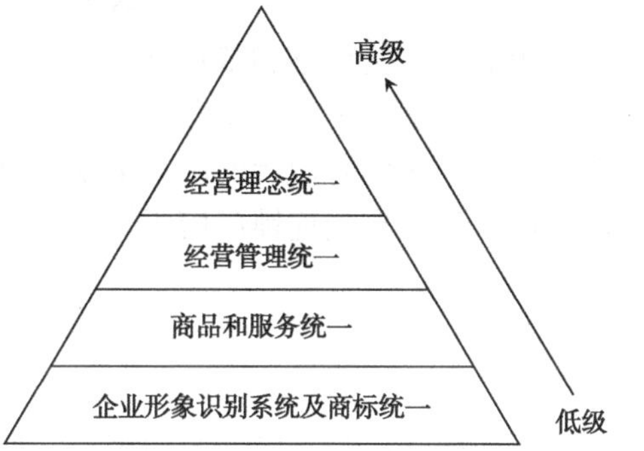


图 1.1　连锁经营四个层次的统一

### 1. 企业形象识别系统及商标统一

这是连锁经营低级层次的统一，是企业外在形象的统一。企业形象识别系统（Corporate Identity System，CIS）是指企业主动将自身的各种特征向社会公众展示与传播，形成企业某一特定的标准化、差别化的印象，主要包括企业的招牌、标志、商标、标准色、标准字、外部环境、装潢、商品陈列、包装材料、员工服装、标志卡等。这种统一设计的企业形象识别系统，不仅有利于消费者识别和购买连锁企业各门店的商品，而且有利于使消费者认同该企业，对企业产生深刻印象。连锁企业必须对外形成一致的企业形象，才能让消费者感觉众多门店是一体的，而不是分散经营的。

**案例链接 1.1**

**肯德基全球第五次换标**

2006 年 11 月 15 日，肯德基在全球范围换标，和蔼可亲的山德士上校脱掉穿了 54 年的白色双排扣西装，穿上了“红围裙”，同时，其线条、色彩也做了适当调整。这是肯德基全球同步推出的第五代标志。另外，配合此次换标，一个全新的、8 129 平方米的巨幅肯德基新标志也在美国内华达州 51 区沙漠地带揭开了神秘面纱，成为世界上第一个从太空可以看到的品牌。

脱掉西装换围裙，暗示了肯德基对消费者需求和顾客价值的进一步重视，那个白胡子老大爷不再站在一边看你享用美食，而是亲自下厨为你烹饪起了美味。它让山德士上校一跃从上流社会的太平绅士变成了会做饭的邻家大爷。目前，中国的肯德基餐厅基本上都使用了全新标志及装饰理念，不仅有了非常醒目的门头，餐厅设计、广告、食品包装、员工制服、公共用品等所有视觉元素也都采用了新标志。新标志无疑更具亲和力，更能拉近与消费者之间的距离。

资料来源：文志宏. 特许经营实务. 北京：电子工业出版社，2010.

### 2. 商品和服务统一

这是连锁企业经营内容的统一，是满足同一目标顾客的营销方式的统一。为了达到整体经营效果，使消费者对连锁企业产生信任感和依赖感，连锁企业各门店所经营的商品都是经过总部精心策划和挑选的，是按照消费者需求做出的最佳商品组合，并不断更新换代；提供的服务也经过总部的统一规划，对所有门店的服务措施做出统一规范，使消费者无论何时何地到任何一家门店，都可以保证享受连锁门店所提供的整齐划一的商品和服务，从而增强顾客忠诚度。

### 3. 经营管理统一

这是连锁企业内部管理模式的统一，是制度层面的统一。连锁企业必须在经营战略及策略上实行集中管理，即由总部统筹，制定规范化的经营管理标准，并下达给各门店认真执行。各门店必须遵从总部所颁发的规章制度，实行标准化、制度化、系统化的经营管理。目前，对于连锁企业而言，经营管理统一集中体现在连锁企业的营运手册上。许多连锁企业都开发了自己的营运手册，并据此构成其统一经营管理的连锁体系。

### 4. 经营理念统一

这是连锁企业全体员工的观念与行为的统一，是企业文化层面的统一。连锁企业的经营理念是该企业的经营宗旨、经营哲学、价值观念、企业定位和中长期战略的综合，是其全部经营管理活动的依据。连锁企业无论拥有多少门店，都必须持有共同的经营理念，包括为什么做连锁、企业赖以生存的因素是什么、企业对消费者和社会的贡献是什么、企业的使命等。只有经营理念真正统一，连锁企业才能将各门店“锁”在一起，无限发展，永续经营。

**案例链接 1.2**

#### 麦当劳的经营哲学

QSC&V 是麦当劳始终坚持的经营原则，Q（Quality）代表高品质的食品，S（Service）代表亲切友善的服务，C（Cleanliness）代表清洁舒适的用餐环境，V（Value）代表物超所值。

麦当劳重视品质的精神，在每一家餐厅开业前便可见一斑。首先在当地建立生产、供应、运输等一系列的网络系统，以确保餐厅得到高品质的原料供应。同时麦当劳食品必须经过一系列严格的质量检查，仅以牛肉饼为例，就有 40 多项质量控制的检查。

快捷、友善、准确的服务是麦当劳的标志。麦当劳从经验中懂得向顾客提供优质服务的重要性，因此每一位员工都会以顾客为先，为顾客传递快乐。

每家餐厅的每一个用具和角落都体现出麦当劳对卫生清洁的注重。麦当劳为顾客提供了一个干净、舒适、愉快的用餐环境。

麦当劳在给顾客提供高品质、营养均衡、美味食品的同时，也为顾客带来了更多的选择和更多的欢笑，顾客在麦当劳大家庭中充分体验到“物超所值”的承诺。

资料来源：麦当劳官方网站.

## 三、连锁经营的“3S”原则

连锁经营企业的“3S”原则是指：简单化（Simplification）、标准化（Standardization）和专业化（Specialization）。这是连锁经营企业在扩大组织规模、发展连锁网点以及开展日常经营活动中，无论企业决策层、管理层还是一般的业务操作人员都必须坚持和遵守的原则。这三点缺少任何一个，连锁经营系统都难以形成。

### 1. 简单化

简单化，即尽可能地将作业流程“化繁为简”，创造任何人都能轻松且快速熟悉作业的条件。这一方面是由连锁经营的行业特点所决定的，另一方面还有利于减少经验因素的影响。强调简单化绝不意味着减少作业环节，而是为了彻底排除“浪费部分、不适部分、过分部分”，去掉不必要的环节和内容，以提高效率，使“人人会做，人人能做”，达到事半功倍的效果。

### 2. 标准化

标准化是指连锁企业为适应市场竞争的需要而采取的作业形式，是为持续地生产、销售预期品质的商品和服务，设定可操作的经营系统和衡量标准。连锁企业的标准化运作一般包括三个步骤。

首先，科学制定各项作业标准和管理标准。主要包括企业整体形象标准化、商品服务标准化、生产服务设施和操作工艺标准化、作业流程标准化和考核评估标准化等。其次，通过严格的培训使员工掌握各项标准。在科学制定标准的基础上，编写详尽的营运手册，作为培训员工的依据。最后，通过严谨的管理保证标准化的实施。在一个由总部和众多门店构成的庞大联合体系中，标准化的贯彻实施依靠的是到位的管理和监督，否则标准化就会流于形式。许多连锁企业都设立了督导员这一岗位，督导员的职责就是到各个门店去检查、评价运营过程是否按标准实施，同时也给予相应的指导。

**案例链接 1.3**

**麦当劳的标准化**

麦当劳品牌的深入人心得益于它对细节的专注，因为在全世界任何一个地方的麦当劳，人们都可以享受一致的食品、服务与用餐环境。麦当劳的标准化运作从以下环节中可见一斑。

原料的标准化。生菜从冷藏库送到配料台，只有两小时的保鲜期限；与汉堡、薯条一起出售的可口可乐，据测在 4 摄氏度时口感最好，所以全世界麦当劳出售的可口可乐的温度，统一规定保持在 4 摄氏度。

用具的标准化。用来将薯条装袋的铲子统一采用 V 形薯条铲，可以大大加快薯条的装袋速度；用来煎肉的煎炉是贝壳式双面煎炉，可以将煎肉的时间减少一半。

制作的标准化。所有薯条采用“芝加哥式”炸法，即预先炸 3 分钟，出品时再炸 2 分钟，从而令薯条更香更脆；炸制好的派必须将布满炸泡的一面朝上，冷却 20 分钟后再进行包装。

保存期的标准化。为了保证出品的口感，所有食品都设置了制成后的保存期限，如薯条为 7 分钟，苹果派为 90 分钟等。

柜台服务的标准化。每位顾客的整体服务时间最多为 3 分 30 秒，从顾客开始排队和走向柜台算起，到其取得点购的餐点且服务员说过“谢谢光临”为止，其中排队时间不得超过 2 分钟，柜台服务时间从统计点餐到呈递给顾客的时间为 60 秒或更短。

### 3. 专业化

专业化是指连锁企业的营运必须在整体规划下进行专业分工，在分工的基础上实施集中管理，从而将工作特定化并进一步专家化，追求独特和卓越，开发创造出独具特色的技巧及系统。首先，专业化表现在连锁经营系统内部与门店之间的职能分工上。从职能分工来看，总部的职能是经营和管理，门店的职责是销售和服务。其次，专业化表现在连锁总部设置不同职能部门进行业务管理分工上，这是连锁企业专业化的组织保证。再次，专业化表现在连锁门店依据运营程序与作业特点进行岗位分工上。企业根据实际需要通过招聘或内部培训获得必要的人才，再根据他们的经历、能力、学历将其分配到合适的作业程序上，做到人尽其才。

## 四、连锁经营与传统商业经营的本质区别

连锁经营是商业领域的一次革命性突破，它的出现和发展将传统“手工作坊”式的小商业真正转变为现代意义上的大商业。连锁经营与传统商业经营有以下四点不同。

### 1. 经营方式不同

从经营方式上看，连锁经营是资源整合后的规模经营，而传统商业经营是灵活应变的特色经营。连锁经营顺应社会化大生产的要求，把分散的经营主体组织起来，形成统一管理、统一营运的联合体，通过整合各方面资源进行整体运作，能取得传统商业经营所无法企及的规模效应，从而赢得市场竞争优势。这种规模优势主要体现在四个方面：集中采购的规模优势，物流配送的规模优势，整体促销的规模优势和研发培训的规模优势。

### 2. 管理方式不同

从管理方式上看，连锁经营是以制度为中心的规范管理，传统商业经营是以人为中心

的经验管理。分工越细就越需要协调，因此连锁企业必须实行集中规范化管理，连锁经营的标准化特征决定了其规范化管理的核心是以各项标准为基础形成的各项规章制度，这些制度将以往建立在经验基础上的管理随意性消除，从而保证了运营管理的稳定性。

### 3. 组织形式不同

从组织形式上看，网络化的连锁组织可以快速渗透市场，而传统单体店的市场辐射范围有限。连锁网络组织天生具有一种扩张效应，表现在两个方面：一是它能广泛吸引合作者，包括供应商、中间商和投资者，并积聚大量资本，迅速扩张；二是随着规模不断扩大，连锁组织内部会产生一种学习优势，各个门店最成功的经验可以迅速在整个体系推广，可以以丰富的开店经验不断地开出新的门店，这种复制成功的模式可以大大节约连锁企业扩张的时间和精力。

### 4. 管理手段不同

从管理手段上看，连锁经营可以借助现代信息技术进行精细化管理，传统商业经营多数只能依靠手工操作进行粗放式管理。现代信息技术是连锁企业在运营、决策方面速度和效率的保证，为连锁经营的发展插上了翅膀，而且其作用随着连锁企业规模的扩张将越来越明显，从选择供应商、订货、存储、配送、销售、补货，到会计记录、统计汇总、制作各种报表，全都依赖计算机来完成，信息技术为连锁企业整合资源获取规模效应，成功实施精细化管理，提供了必要条件。

从上面的分析可知，连锁经营是一种现代经营组织方式，它与传统商业经营方式有着显著区别，其优劣比较如表 1.1 所示。

**表 1.1　连锁经营与传统商业经营优劣比较**

| | 连 锁 经 营 | 传统商业经营 |
|---|---|---|
| 优　势 | 1．资源整合，获取规模效益；<br>2．形象、商品和服务统一，易于维持消费者忠诚；<br>3．网络化组织带来迅速扩张；<br>4．现代管理技术，实现精细化管理；<br>5．制度化规范管理，消除人为因素的影响 | 1．门店自主性强，主动性高，能调动管理者的积极性；<br>2．门店具有较高的灵活性，能随时根据消费者需求变化调整经营策略；<br>3．管理层级少，沟通容易，能迅速做出决策；<br>4．特殊经营，能弥补市场空缺 |
| 劣　势 | 1．门店独立性有限，缺乏灵活性，难以完全满足当地消费市场的特殊需要；<br>2．门店无法单独核算，赢利水平难以体现，影响了员工的积极性；<br>3．容易出现总部与门店沟通不足和决策延误现象 | 1．辐射有限，难以获得规模效益；<br>2．无法采用现代管理技术，仍是人工操作的粗放式管理；<br>3．以经验管理为主，容易受个人因素的影响；<br>4．规模小，难以吸引消费者和合作者 |

# 单元二　连锁经营的类型

连锁经营最初是以单一所有权形式即直营连锁形式出现的，随着长期的发展实践，逐渐形成了三种形式并存的局面，即直营连锁、特许连锁和自由连锁。下面，从特点和优、劣势几个方面，对三种连锁经营形式分别加以分析。

## 一、直营连锁

直营连锁（Regular Chain），又叫正规连锁，是连锁经营的基本形态。它是连锁企业的总部通过独资、控股或兼并等途径开设门店，扩张规模的一种连锁形式。目前，许多大型跨国连锁组织，如美国的沃尔玛、西尔斯公司，法国的家乐福公司，英国的百安居公司，日本的优衣库公司等，都采取了这种连锁形式。直营连锁具有以下三个显著特点。

### 1. 同一资本开设门店

这是直营连锁与其他连锁形式之间的最大区别。直营连锁的各门店之间是以资本为主要联结纽带的，也就是说，各门店从资本上同属于一个所有者，这个所有者可以是一个企业、一个联合组织，也可以是一个人。直营连锁的门店，由同一个投资主体开办，各门店一般不具有独立的法人资格。

### 2. 经营管理高度集中统一

正由于资本的统一性，直营连锁的总部对各门店拥有全部的、绝对的所有权，经营权和监督权，实施人、财、物与商流、物流、信息流和资金流等方面的集中统一管理，门店的业务必须按总部的指令行事。

### 3. 统一的核算制度

在人事关系上，直营连锁各门店的店长是连锁企业的雇员而不是所有者，所有门店的店长均由总部委派，报酬由总部确定。整个连锁企业实行统一的核算制度，各个门店的工资、奖金等由总部根据连锁企业的薪酬制度来确定。

采取直营连锁方式经营的好处是显而易见的，它的高度集权管理可以统一调度资金，统一经营战略，统一人事管理，统一开发和利用企业整体资源，可以充分规划企业的发展规模和速度，在新产品开发与推广、信息管理现代化等方面也能发挥出整体优势。但直营连锁也有难以克服的缺陷，由于直营连锁以单一资本向市场辐射，所以易受资金、人力、时间等方面的限制，影响其发展规模和速度。此外，各门店自主权较小，利益关系不紧密，所以主动性、积极性和创造性难以发挥。

## 二、特许连锁

特许连锁（Franchise Chain），又称加盟连锁、合同连锁。它是总部与加盟店之间依靠契约结合起来的一种连锁经营形式。我国商务部于 2007 年颁布的《商业特许经营管理条例》中，将特许连锁经营定义为“拥有注册商标、企业标志、专利、专有技术等经营资源的企业（特许人），以合同形式将其拥有的经营资源许可其他经营者（受许人）使用，受许人按照合同约定在统一的经营模式下开展经营，并向特许人支付特许经营费用的经营活动”。目前，风靡世界的麦当劳、肯德基、7-11 等连锁企业，都是采取特许连锁经营形式发展的典型代表。作为特许连锁系统，必须具有以下特征。

### 1. 特许连锁经营的核心是特许权的转让

特许权的转让方是连锁总部，或称特许总部、加盟总部；接受方是加盟店，或称加盟商。总部转让的特许权一般包括注册商标、企业标志、专利、专有技术、经营诀窍等无形资产，如果总部没有形成这些无形资产，就不会出现特许经营模式。这些无形资产都属于知识产权的范畴，所以特许经营的核心实际上是知识产权的转让，并且转让的是知识产权的使用权，而非所有权。

### 2. 总部与加盟店之间的关系是通过签订特许合同而形成的纵向关系

特许连锁经营总部与加盟商之间的关系是以特许合同为纽带的。根据协议，总部称为特许权所有方（Franchiser）或特许人，而加盟店称为特许权使用方（Franchisee）或受许人，这个协议具有法律效力，它将总部与加盟店紧紧地连在一起，形成一种纵向关系，而各加盟店之间是不存在横向关系的。

### 3. 特许连锁经营的所有权是分散的，但经营权高度集中，对外形象要保持一致

在特许连锁系统中，加盟店对门店拥有所有权，对自己的经营成败负责，而经营权则高度集中于总部。当店主认为加盟连锁组织比独自经营更有利时，就会通过调查、比较，决定向哪家连锁组织提出加盟申请。尽管特许经营的所有权是分散的，但对外必须形成统一的形象，这一点与直营连锁是一致的。连锁企业希望在社会公众的眼中，加盟店与直营店一样，提供同样优质的产品和服务，展示连锁企业的形象，而且在管理上也力求达到这一点。

### 4. 加盟总部提供特许权许可和经营指导，加盟店要为此支付一定费用

一旦总部和加盟店签订特许合同，就意味着总部许可加盟店使用总部所特有的一系列经营资源，而且在合同期内，总部要向加盟店提供持续的指导和帮助，以使加盟店了解、吸收和正确复制经营诀窍，尽快步入经营正轨，获得收益。加盟店在取得这些权利时，需要付出一定代价，即要向总部缴纳一定费用。一般情况下，加盟店在签订特许合同时，要一次性缴纳一笔加盟金，各特许连锁企业的加盟金视自身情况而定。对于总部后续提供的

指导和支持，统一开展的广告宣传，加盟店要按照合同规定，每月向总部缴纳一定比例的特许权使用费和广告费。

案例链接 1.4

**肯德基的特许加盟方式**

目前，肯德基在中国发展加盟店的方式不是让加盟者缴纳加盟费后自行开店，而是让加盟者出资购买一间正在运营中并已赢利的连锁店。

转让已经成熟的餐厅，加盟者不必从零开始，可以较快地融入肯德基的运作系统，进而可极大地增加加盟者成功的机会，这对肯德基和加盟者来说都是最稳健、最便捷的做法。考虑到大型城市开展特许经营的挑战性较大，目前肯德基只在中国内地非农业人口大于15万小于40万，且年人均消费大于6 000元的地区寻求加盟经营的申请人。当然，不是所有这些地区的餐厅都适合加盟经营。但如果可能，肯德基可以优先接受加盟商对地点的建议。

特许连锁经营在国外萌芽较早，已有一百多年的历史，但直到20世纪80年代，才飞速发展起来，目前特许连锁已经渗透至零售业、服务业的各个领域，在欧美国家是最主流的连锁形式。特许连锁之所以能获得如此良好的发展，是因为它具有其他连锁形式所无法比拟的优越性。对加盟总部而言，无须投入大量的资金和人力，将已经成熟、规范的管理方式和独具特色的品牌、技术等转化成资源，就可以借助他人的力量，安全而迅速地拓展市场，增加知名度；对加盟店而言，无须拥有一定的技术和经验，只要支付一定的加盟费，就可以直接复制他人的成功经验和技术，并得到总部的长期指导，从而省去了创业探索的时间和精力，降低了投资和经营的风险。但由于特许权的所有权与使用权相互分离，特许连锁经营自身也存在着一定的劣势，对加盟总部而言，有时难以做到经营上的完全统一，对加盟店而言，经营管理上的自主性则往往受到限制。

## 三、自由连锁

自由连锁（Voluntary Chain），又称自愿连锁，它是指企业之间为了共同利益结合而成的事业合作体，各成员店是独立法人，具有较高的自主权，只是在部分业务范围内合作经营，以达到共享规模效益的目的。

自由连锁主要有两种形式：第一种是以几家中小企业联合为龙头，开办自由连锁的总店，然后吸收其他中小企业加盟，建立统一物流配送中心，所需资金可以通过在分店中集资解决；第二种是由某个批发企业发起，与一些具有长期稳定交易关系的零售企业在自愿的原则下结成连锁组织，批发企业作为总部承担配送中心和服务指导功能。自由连锁一般具有以下特征。

### 1. 成员店拥有独立的所有权、经营权和核算权

一个自由连锁组织往往拥有众多分散的成员店，这些成员店一般是小型的、独立的，

门店资产归门店经营者所有。各门店不仅独立核算、自负盈亏、人事自主，而且在经营品种、经营策略上也有很大的自主权，但每年必须上缴一定费用给总部以享受合作带来的规模效应。

### 2. 总部与成员店之间的关系是协商与服务

自由连锁总部与成员店之间不存在经营权的买卖关系，而是靠合同和商业信誉建立起一种互利互助的关系，以达到规模经营的目的。连锁总部则应遵循共同利益原则，统一组织进货，协调各方面关系，制定发展战略，收集信息并及时反馈给成员店。

### 3. 维系自由连锁经营的经济关系纽带是协商制定的合同

总部与成员店是以合同为纽带联结在一起的，合同是由成员之间通过民主协商来制定的，而不是像特许连锁那样的格式合同。当然，合同的约束力比较松散，一般合同规定的加盟时间以一年为单位，加盟店可以随意退出自由连锁组织。

**案例链接 1.5**

#### 自由连锁经营的典型——日本橘高公司

日本橘高公司是一家蓬勃发展的自由连锁经营的典型公司。该公司拥有 1 000 多家加盟分店，经营着 4 000 多种糕点食品。由于公司经营的食品品种多，而每种食品批量又不大，所以花样品种的周转与变化速度较快。针对这一经营特征，橘高公司的连锁总部为了随时掌握各个加盟店的每种食品的销售情况，专门设立了销售时点管理系统。同时，为了保证每种食品能及时按计划配送到各加盟店，公司在全日本各地设立了 23 个物流配送中心。

一个单独的食品店，如果要申请加入橘高公司的自由连锁经营网络，必须向连锁总部一次性上缴加盟费 1 500 万日元和开店费（依据铺面大小而定）等费用。在加盟以后的日常经营中，各加盟店还要根据加盟协议缴纳共同的广告费（销售额的 0.2%）、进货手续费（进货额的 2%～4%）等。完成销售后，按销售额的 1.5%～2%向连锁总部缴纳业务指导费。而连锁总部经营所获的利润，则通过奖励、业务培训等形式，部分返还给各加盟店。这种总部与加盟店之间互惠互利的业务经营和利润分配关系，充分显示了自由连锁经营的本质和特色。

自由连锁的优势在于：门店独立性强、自主权大、利益直接，有利于调动积极性和创造性；连锁系统集中管理指导，有利于提高门店的经营水平；总部统一进货、统一促销，有利于各门店降低成本，享受规模效益带来的好处。因此，自由连锁具有较好的灵活性、转换性和发展潜力，它既有连锁经营的规模优势，又能保持独立小商店的某些经营特色。而自由连锁的劣势则在于：由于联结纽带不紧密，凝聚力相对较弱；各门店独立性大，总部集中统一的运作受到限制，因而组织不够稳定，发展规模和地域均有一定的局限性；由于过于民主，可能造成决策迟缓，相对来说竞争力受到影响。

为了更好地认识三种连锁形式的特点，下面列出比较表，如表 1.2 所示，便于掌握。

表 1.2　三种连锁形式的比较

| 比较事项 | 直营连锁 | 特许连锁 | 自由连锁 |
|---|---|---|---|
| 所有权 | 总部所有 | 加盟店所有 | 成员店所有 |
| 经营决策权 | 非独立 | 非独立 | 参考总部，分店有较大自主权 |
| 分店经理 | 总部任命 | 加盟店主 | 成员店主 |
| 商品来源 | 总部统一进货 | 总部统一进货 | 大部分经由总部，部分自己进货 |
| 价格策略 | 总部规定 | 一般由总部规定 | 自由 |
| 促销 | 总部统一实施 | 总部统一实施 | 自由加入 |
| 总部与分店的关系 | 完全一体 | 契约关系 | 任意共同体 |
| 分店建议对总部的影响 | 小 | 小 | 大 |
| 分店上缴总部的指导费 | 无 | 5%以上 | 5%以下 |
| 合同约束力 | 总部规定 | 强硬 | 松散 |
| 合同规定加盟时间 | — | 3 年以上 | 多为 1 年 |
| 外观形象 | 完全一样 | 完全一样 | 基本一样 |

# 单元三　连锁经营的起源与发展

## 一、连锁经营的起源

连锁经营是近代工业革命所带来的社会化大生产和经济高速发展的产物。它是一种把现代化工厂大规模生产的经营方式与分散的、单体的商店结合起来，形成零售业大规模销售体制的经营组织方式，这种结合推动了零售业向现代化产业发展。

美国是连锁经营发展的鼻祖，时至今日，美国仍然是世界上最发达的连锁经营大国。1859 年，美国大西洋和太平洋茶叶公司建立了世界上第一家连锁企业——他们在纽约市开设了两间茶叶店，目的是集中购买、减少中间环节、分散销售，这也是世界上最早的直营连锁经营组织。这种经营方式十分有效，到 1865 年，这家公司的连锁分店发展到 25 个，1880 年达到 100 个，1936 年已经扩张到 5 000 多家分店。精明的商人们很快被这种成功的经营方式所吸引，进入 20 世纪之前，类似的连锁企业已经在珠宝、家具、药品、鞋帽等众多行业中出现。

直营连锁的产生，适应了生产、销售和消费发展的需要，但也使传统的中小商店受到了强大的冲击，他们意识到，为了生存必须联合起来，向连锁店一样联购分销才有出路，这就是自由连锁方式的起源。1887 年，为了对抗大型连锁公司的垄断，美国 130 多家食品零售商共同出资开办了一家联合批发企业，共同进货，统一管理，但各成员企业仍保持各自的独立性，这就是世界上第一家被称为自由连锁的商业组织。其后自由连锁不断发展，20 世纪 60 年代至 70 年代，是其发展的鼎盛时期，除了在欧美各国保持良好的发展态势，自由连锁在日本等亚洲国家也得到了迅猛的发展。

特许连锁的首创者是美国的胜家缝纫机公司。1855 年，美国胜家公司准备推出新产品——缝纫机，但苦于自身资金及管理精力的不足，所以首次尝试以特许经营的方式来建立分销网络，结果成功地打开了零售市场，这使人们初步看到了特许连锁的魅力。但直到 20 世纪初，随着美国可口可乐公司、福特公司以及众多汽车厂商的相继采用，特许连锁方式才开始迅速发展。特别是由于美国的麦当劳和肯德基等公司所取得的巨大成功，20 世纪 70 年代以后，特许经营成为发展最快的连锁形式，并且迅速在世界各地蔓延开来。

## 二、国外连锁经营发展趋势

从 20 世纪 80 年代开始，连锁经营进入了现代连锁时代，并从零售业、餐饮业等行业迅速渗透到各类服务业中，同时呈现出国际化趋势。另外，随着计算机技术的发展和普遍应用，连锁经营的规模和质量都得到了空前的发展，由过去的十几家、上百家，扩展为现在的几百家、上千家，甚至上万家门店的连锁规模。时至今日，连锁经营已经成为发达国家最重要的商业形式。纵观 20 世纪 80 年代以来连锁经营的发展，主要呈现出以下特点。

### 1. 连锁企业发展速度不断加快，特许连锁的发展速度超过其他连锁形式

进入 20 世纪 80 年代以来，连锁企业的发展无论从规模、销售额，还是管理水平上都有了质的飞跃。从不同连锁类型来看，特许连锁的发展一枝独秀，其发展速度大大超过了直营连锁和自由连锁。以美国为例，1977 年美国的特许经营总部有 1 115 个，营业额为 2 390 亿美元；到 1992 年，美国的特许总部增加到 3 700 个，营业额也增加到 6 396 亿美元。目前在美国，平均每隔 6 分钟，就有一家新的特许加盟店诞生。在英国、法国、日本等其他发达国家，特许连锁的发展速度，同样超越了其他两种连锁形式。

### 2. 连锁企业国际化趋势不断加强

20 世纪 80 年代以来，连锁经营发展的一个最明显的趋势就是国际化。随着全球经济一体化浪潮的涌现，欧美发达国家的连锁企业凭借其雄厚的资金、成熟的技术、过硬的管理，将开店的脚步迈向世界各地，形成巨大的跨国连锁系统。如今，在许多国家和地区的大街小巷，随处可见麦当劳汉堡包、肯德基家乡鸡、7-11 便利店、星巴克咖啡馆等著名连锁企业的身影。现在，越来越多的连锁巨头将海外扩张的重点，聚焦于更具开发潜力的发展中国家。

### 3. 连锁经营行业日益多样化

连锁经营最初出现在商品零售业，之后发展到餐饮业，随着服务行业在全球经济所占的比重逐步增加，连锁经营迅速扩展到服务业的各个领域，如房地产、教育、培训、酒店、咨询、美容美发、洗衣、汽车维护、旅游、金融等，并且均呈现出良好的增长势头。

### 4. 物流配送中心的作用越来越重要

以网络和信息技术为依托，连锁组织将部分职能，特别是物流职能从企业内部分离出

去，由那些独立存在的专业化物流组织予以执行，最终实现商流、物流和信息流的统一。这不仅使连锁企业获益良多，而且有助于社会整体流通效率的提高，所以连锁企业将比以往任何时候都更需要一个高效的物流体系。这意味着在连锁组织的现实运行中，物流职能将会承担越来越重要的作用。物流体系的建设与物流的现代化发展，将成为连锁组织核心竞争力的来源。随着网络与信息技术的不断发展，物流职能的重大意义将进一步显现。

### 5. 连锁经营和电子商务的整合

方兴未艾的信息技术已经引发了一场商业革命，电子商务又成为另一股异军突起的力量。但是，电子商务的发展必须以现实的物流为基础，所以，未来电子商务企业需要与拥有完善、成熟的物流配送系统的商业企业相联合。

特许连锁在发展地面联合扩张的同时，也在向电子商务领域寻求新的合作。目前，大部分特许企业都建立了自己的网站，其主要目的是招募加盟者，很多特许企业也开始发起网上批量采购活动，让加盟者订购设备、货品，供应商直接向加盟店供应，以得到更优惠的价格。所以，连锁化与电子化是未来商业发展的必然趋势。

**案例链接 1.6**

### 李宁的电子商务之路

李宁是国内体育用品的领跑者，创造了国内体育用品行业的多个第一。在当前服装企业电子商务化的大背景下，李宁如何保持自身的领先优势呢？

2008 年 4 月，李宁成立了电子商务部，在淘宝网上正式推出直营品牌旗舰店和直营品牌折扣店。此时淘宝等电子商务平台上，已有超过 1 000 家出售李宁产品的网店，堵不如疏，李宁电子商务部利用李宁的经销商体系收编现有网店，以解决网络鱼龙混杂、真假难辨的局面。2009 年，所有网店都使用了由李宁提供的网店专用形象识别，由李宁统一制定推广主题。

李宁是一家“轻公司”，产品的生产制造、物流、信息技术等都是外包给专业企业去做的。同样在电子商务方面，李宁也没有采取许多服装品牌（如佐丹奴、报喜鸟等）的自建电子商城型的网络直销模式，而选择将网络渠道外包，其淘宝网旗舰店和折扣店只能算是一个展示平台。网络渠道外包旨在快速将渠道规模化，短时间内占领市场。李宁在互联网上有三个核心代理商：北京五洲在线、古星电子商务、逛街网。这三个核心代理商在新浪商城、易趣商城、当当网、拍拍网和淘宝网开设了为数不少的李宁网上专卖店，取得了不俗的销售业绩，有的网店更是超过了线下的销售明星店。这或许是李宁将线下渠道拓展模式成功运用在线上的成果。

李宁在线下有近 6 000 家实体专卖店，网店的覆盖面没有地域化的限制，渠道之间势必产生利益冲突。为了解决这种冲突，李宁对网络渠道采取货品专供的方式，并对不同的网店进行货品差异化的定位，以保障两种渠道的各自利益。

资料来源：中国电子商务研究中心.

## 三、我国连锁经营发展概况

与发达国家相比，我国的连锁经营起步较晚，大致始于20世纪80年代末至90年代初。纵观我国连锁经营的发展过程，大致可分为三个阶段。

### 1. 初始期（20世纪90年代初期至90年代中期）

1986年，天津立达集团公司创办了立达国际商场，并在国内外组建连锁商店，这是我国现代最早的直营连锁企业。但当时连锁经营还只是个别现象，并没有普及。连锁经营在我国真正发展起来是在20世纪90年代，而且是与超级市场一起成长起来的。1990年，广东省东莞市烟酒公司创办了“佳美”连锁超级市场；1991年，上海市出现了第一家连锁企业——联华超市商业公司；1992年，北京西城区副食品公司创办了“希福”连锁店，到1994年，发展到30多家分店，年销售额达1.25亿元。1993年年初，我国粮食企业也开始了连锁经营的试点，到1995年，粮食部门在国内12个大中城市开办的各种形式的连锁店已达到1 166个。

### 2. 成长期（20世纪90年代中期至21世纪初期）

1995年，国务院在上海召开了全国部分省市连锁商业座谈会，李岚清同志作了重要讲话，他指出：连锁经营是我国流通领域的一场革命，发展连锁经营在我国社会主义市场经济体制下具有重要的意义和广阔的前景。同年6月，原国内贸易部颁布了《全国连锁经营发展规划》，加大政府的宏观指导和扶持力度，这标志着连锁经营的发展进入了一个新的阶段。这一时期我国连锁经营发展的主要特征有：发展速度较快，行业集中度提高，与百姓日常消费密切相关的零售业、餐饮业的连锁经营成为主导；在连锁经营的形态上，发展初期以直营连锁为主，但随着这种经营方式的日益推广，特许连锁开始快速发展，显示出强大的灵活性和优越性；行业竞争加剧，并购重组成为连锁企业规模扩张的主要形式。

### 3. 快速增长期（21世纪初期至今）

这是我国连锁经营发展最快的一段时期，如2001—2004年，中国连锁百强企业的平均年店铺增长率为51%，年销售增长率达38%，连锁企业销售额的增长速度远远高于社会商品零售总额的增长速度。与此同时，连锁经营开始向多行业发展，各类新型专业连锁店不断涌现。2012年中国连锁百强企业前10名现状如表1.3所示。

虽然连锁经营在我国已成为一种主要的商业模式，但相比发达国家的成熟状态，我国的连锁经营目前仍存在着一定问题：从总体上看，我国的连锁经营尚处于发展阶段，在企业数量、经营销售额、经营规模、规范化程度和业态分布等方面，与国际水平和我国市场容量相比还有较大差距；为了适应市场经济体制发展而建立起来的各种连锁企业，组织化程度较低，还没有发挥出整体规模效益，甚至有些因为扩张太快，导致资金链断裂而破产倒闭；资金和技术受到制约，连锁经营要求企业按照网络要求进行资源配置，综合运用各种现代化信息技术，这都需要较大的经济投入和技术补给。

表 1.3　2012 年中国连锁百强企业前 10 名现状

| 名次 | 企 业 名 称 | 销售规模/万元 | 门店总数/个 | 业 态 类 型 |
|---|---|---|---|---|
| 1 | 苏宁云商集团股份有限公司 | 12 400 000 | 1 705 | 家电专业店 |
| 2 | 百联集团有限公司 | 12 205 221 | 5 147 | 百货店 / 超级市场 / 便利店 / 其他 |
| 3 | 国美电器有限公司 | 11 747 974 | 1 685 | 家电专业店 |
| 4 | 华润万家有限公司 | 9 410 000 | 4 423 | 超级市场 |
| | 其中：苏果超市有限公司 | 3 315 200 | 2 098 | |
| 5 | 康成投资（中国）有限公司（大润发） | 7 247 000 | 219 | 百货店 / 超级市场 / 便利店 / 其他 |
| 6 | 沃尔玛（中国）投资有限公司 | 5 800 000 | 395 | 超级市场 |
| 7 | 重庆商社（集团）有限公司 | 5 449 472 | 327 | 百货店 / 超级市场 / 便利店 / 其他 |
| | 其中：重庆百货大楼股份有限公司 | 3 339 965 | 286 | |
| 8 | 百胜餐饮集团中国事业部 | 5 220 000 | 5 200 | 餐厅 |
| 9 | 山东省商业集团有限公司 | 4 938 066 | 526 | 百货店 / 超级市场 / 便利店 / 其他 |
| | 其中：银座集团股份有限公司 | 3 203 115 | 104 | |
| 10 | 家乐福（中国）管理咨询服务有限公司 | 4 527 386 | 218 | 超级市场 |

资料来源：中国连锁经营协会网站.

## 复习思考题

1. 什么是连锁经营？连锁经营的基本特征有哪些？
2. 简述连锁经营的原则。
3. 连锁企业有哪些类型，各有何优、缺点？
4. 连锁经营与传统商业经营有什么区别？

## 案例分析

### "真功夫"——如何实现中式快餐标准化

"真功夫"正式亮相后给很多中国人带来了惊喜——"总是和洋快餐挨在一起开店"、"营养还是蒸的好"、"千份快餐一个品质"、"快速服务，即买即售"和"80 秒餐到你手"等，确实让中式快餐有扬眉吐气之感。很多人以为它是来自中国台湾或香港的企业，而事实上"真功夫"是一家土生土长的中国大陆快餐连锁企业。截至 2011 年 6 月 28 日，"真功夫"已在北京、上海、广州和深圳等 30 多个城市开设了 400 多家直营连锁餐厅。

中式快餐经营面临的最大问题就是标准化。麦当劳、肯德基等洋快餐连锁经营的成功，让"真功夫"管理者认识到如果没有标准化体系的支持，传统的中式快餐将难以作为连锁企业快速发展。而中式快餐要做到标准化，关键是必须摆脱对厨师的依赖，这就要开发一套适合做中餐的标准化烹饪设备。于是，“真功夫”与华南理工大学联合研发了一套专门的计算机程控蒸汽柜。利用该套设备，就可以按照预先设定的流程进行标准化的输入操作。中式快餐标准化瓶颈的攻克，使得“真功夫”在中式快餐行业脱颖而出，并取得了长足发展。

而“真功夫”并未就此停下创新的步伐。在实现了设备标准化以后，它们又开始了进一步的“深化标准化”创新行动，先后实现了对餐厅操作和后勤生产的标准化。1999 年，“真功夫”立足于本土中式快餐的自身特点，对市场推广、员工培训、品质与服务、餐厅经理、厨房岗位操作等 10 多个工种、近百个岗位的操作，一一制定了详细的标准体系，并形成了几十万字的《营运手册》。这套手册是在洋快餐营运手册的基础上，结合本土特点的又一次创新，堪称中式快餐业目前最完善的标准化宝典。执行《营运手册》之后，整个企业的经营管理又往前迈进了大大的一步，餐厅营运变得更加标准有序，并大大简化了整个生产及营运的流程管理，使“真功夫”开发连锁分店的步伐变得更加高效、迅速。

在实现餐厅操作标准化的同时，“真功夫”又率先将中式快餐连锁业从传统的前店后厨中脱离出来，采用现代化、国际化的后勤与店面相分离的管理模式，实现了后勤生产标准化。目前，它在全国拥有华南、华东和华北三大后勤中心，总占地面积达 42 700 多平方米，并设立了科学严密的管理流程，所有“真功夫”餐厅的原料都由后勤统一采购、加工和配送。从生产设施到食品安全体系，全部实行科学管理：首先，原材料采购精益求精，加工生产全密封进行；然后，经过高科技包装、集装；最后，通过精装冷冻车配送到各个餐厅，为实现餐厅操作标准化提供了强有力的支持。2005 年，“真功夫”通过了 HACCP 食品安全管理体系及 ISO 9001 质量管理体系两项国际认证，在消费者心目中，树立起了高品质的形象。

从第一家餐厅开始，“真功夫”就以“营养、美味、快捷的中式快餐”为定位，受到关注健康、忙碌生活的消费者的喜爱与拥戴。目前，“真功夫”提出了新的快速服务口号“60 秒到手”，这是整个快餐业只有麦当劳和肯德基才能承诺的服务水平。

资料来源：肖怡. 企业连锁经营与管理. 大连：东北财经大学出版社，2009.

**思考题**

1.“真功夫”是如何实现其门店商品品质及服务质量标准化管理的？
2.“真功夫”的标准化经营给它带来了哪些竞争优势，又带来了哪些风险？

## 实训项目

以小组为单位，到当地的国内外知名连锁企业的门店去感受，试总结其连锁经营的特征。

# 模块二

# 连锁经营的行业分布与业态选择

**【引导案例】**

## 苏果超市——多业态和多品牌协同发展

苏果超市有限公司成立于 1996 年，是江苏最大的连锁超市企业。根据 2010 年中国连锁经营协会公布的排名，苏果在全国连锁企业中已连续 10 年位列前十强，其成功的原因之一在于多业态和多品牌的发展。

社区店是苏果公司最具特色的业态，也是其进行外埠扩张的主要业态模式。目前苏果的社区店在南京已发展到近 60 家，在外埠也很快发展到 20 多家。苏果社区店的选址力求贴近社区，面积在 5 000 平方米左右，商品品种约有两万个，同时还突破生鲜经营，引进了“厨房工程”，并配备了小吃休闲区。苏果社区店满足了现代小区居民生活与休闲、一次性购足的需求，真实体现了“亲密的苏果，温情的邻居”。

苏果便利店自 1999 年创立以来，经过了几年的迅猛发展，目前网点总数已超过 200 家，强大的网络优势为消费者提供了极大的方便。苏果便利店的经营面积在 100 平方米左右，商品相对丰富，品种约达 4 000 种，并开展了免费送货上门、代邮等服务项目，真正实现了苏果便利店“为民、便民、利民”的经营理念。

标准超市店是苏果公司最早经营的业态，大红色的门头、“苏果无假货，件件请放心”的质量承诺，已经深深印在了每一个了解苏果、选择苏果的消费者心中。标准超市店的面积一般为 500 平方米左右，商品品种近万种，扎根于主次干道和社区边缘，填补了便利店与社区店的空白。

购物广场是苏果公司着力打造的大卖场，以优质超值的丰富商品、宽敞舒适的购物环境和特有的休闲娱乐功能区为鲜明特色。上万平方米的经营空间，能满足消费者“一站式”的购物需求和日常活动，购物、休闲更加方便、集中，为消费者提供“新鲜、优质、便宜、贴心、满足”的全方位新体验。

资料来源：彭娟. 连锁经营管理基本原理与实务. 北京：中国水利水电出版社，2011.

【学习要点】

- 理解零售业态的含义；
- 掌握零售业的业态类型；
- 了解连锁经营业态与零售业态的关系；
- 了解连锁经营的行业分布和主要业态。

【职业指导】

能够区分商品、餐饮、服务连锁经营的业态类型，可以根据连锁企业的特点选择适合的经营业态。

# 单元一 零售业态概述

## 一、零售业态的概念

零售是指向消费者销售用于个人、家庭或居住消费所需商品和服务的活动，它是分销过程的最终环节。零售的概念与“批发”相对，它的特点是：每笔商品交易的数量比较少，交易次数频繁；销售的商品是消费资料，个人或社会团体购买后用于生活消费；交易结束后商品即离开流通领域，进入消费领域。

零售业态是指为满足特定的消费需求而形成的店铺营业形态，是针对目标顾客的独特需求，按照既定的战略目标，有选择地运用商品结构、价格政策、销售方式、店铺选址、规模及形态等手段，提供商品和服务的种类化经营形态。不同的业态承担不同的社会功能，如超市的社会功能是满足家庭消费者对每日必需品的需求，便利店的社会功能则是满足个人消费者的即刻需求，而大卖场的社会功能则是满足“一站式”购物的消费需求等。

**知识扩展 2.1**

**零售业的四次革命**

自 19 世纪中期以来，零售业经历了四次重大变革，分别是百货商店、连锁经营、超级市场和无店铺销售，使得现代零售业的经营定位有了新的内容，并呈现出新的发展趋势。

（1）百货商店。与传统小型店铺相比，百货商店主要有以下创新：第一，商店规模大、营业面积大、经营商品多等成为百货商店最基本的特征；第二，商品明码标价，改变了传统小商业“要价、还价”的不规范行为，提高了零售业的管理水平；第三，改变管理方式，在同一商店内分设多个独立的商品部，实施部门化、职能化、专业化的管理；第四，服务内容增加、质量提高。

（2）连锁经营。连锁经营之所以被称为零售业的又一场革命，主要是因为它改变了零售业的经营方式，进而实现了规模效益。

（3）超级市场。超级市场的革命性主要表现在：第一，使得向顾客提供标准化的商品和服务成为可能；第二，更具活力和适应性的规模经济。

（4）无店铺销售。促使无店铺销售方式兴起和发展的主要因素有：第一，科技的进步；第二，消费观念的改变；第三，配套法律体系的逐步完善；第四，物流等相关服务的发展。

## 二、零售业态的分类

2004 年 10 月 1 日，我国在 2000 年发布的《零售业态分类》（国家标准）的基础上，开始实施新的零售业态分类标准（GB/T 18106-2004）。该标准的分类原则是零售店铺的结构特点，具体包括其经营方式、商品结构、服务功能，以及选址、商圈、规模、店堂设施、目标顾客和有无固定营业场所等因素。

按照该分类标准，零售业态从总体上可分为有店铺零售业态和无店铺零售业态两类。有店铺零售业态是指有固定的商品陈列和销售所需的场所和空间，并且消费者的购买行为主要在这一场所内完成的零售业态，具体分为便利店、超市、百货店、专业店、专卖店等 11 种零售业态。无店铺零售业态是指不通过店铺销售，由厂家或商家直接将商品以一定渠道递送给消费者的零售业态，分为电视购物、网上商店等 5 种零售业态。有店铺零售业态和无店铺零售业态的分类和基本特点如表 2.1、表 2.2 所示。

**表 2.1　有店铺零售业态的分类和基本特点**

| 业　态 | 基本特点 | | | | | | |
|---|---|---|---|---|---|---|---|
| | 选　址 | 商圈和目标顾客 | 规　模 | 商品结构 | 商品售卖方式 | 服务功能 | 管理信息系统 |
| 1. 食杂店 | 居民区、传统商业区 | 辐射半径 0.3 千米，以相对固定的居民为主 | 100 平方米以内 | 以香烟、饮料、酒、休闲食品为主 | 柜台式和自选式相结合 | 营业时间在 12 小时以上 | 初级或不设立 |
| 2. 便利店 | 商业中心区、交通要道及车站、办公楼、学校、医院、娱乐场所、加油站等公共活动区 | 步行 5 分钟内可达，以单身者、青年人为主，多为有目的的购买 | 100 平方米左右，利用率高 | 以即食食品、日用小百货为主，有小容量、应急性等特点，品种约 3 000 种，售价高于平均 | 以开架自选为主，收银台统一结算 | 营业时间在 16 小时以上，有些实行 24 小时营业，开设多项服务 | 程度较高 |
| 3. 折扣店 | 居民区、交通要道，要求租金相对便宜 | 辐射半径 2 千米，以居民为主 | 300 ～ 500 平方米 | 售价低于平均水平，自有品牌占较大比例 | 开架自选，统一结算 | 用工精简，提供有限服务 | 一般 |

续表

| 业态 | 基本特点 | | | | | | |
|---|---|---|---|---|---|---|---|
| | 选址 | 商圈和目标顾客 | 规模 | 商品结构 | 商品售卖方式 | 服务功能 | 管理信息系统 |
| 4. 超市 | 市级或区级商业中心、居住区 | 辐射半径2千米，以居民为主 | 营业面积在6 000平方米以下 | 以包装、生鲜食品和日用品为主，食品超市有区别 | 自选销售，出入口分设，收银台统一结算 | 营业时间在12小时以上 | 程度较高 |
| 5. 大型超市 | 市级或区级商业中心、城乡结合部、交通要道、大型居住区 | 辐射半径2千米以上，以居民、流动顾客为主 | 实际营业面积在6 000平方米以上 | 大众化衣食日用品齐全，一次性购齐，注重自有品牌开发 | 自选销售，出入口分设，收银台统一结算 | 设不低于营业面积40%的停车场 | 程度较高 |
| 6. 百货店 | 市级或区级商业中心、历史形成的商业聚集点 | 以追求时尚和品位的流动顾客为主 | 在6 000～20 000平方米 | 以服饰、鞋类、箱包、化妆品、家庭用品、家用电器为主，综合性，门类齐全 | 以柜台销售和开架面售相结合 | 注重服务，设餐饮、娱乐等服务项目和设施 | 程度较高 |
| 7. 专业店 | 市级或区级商业中心、百货店、购物中心 | 以有目的选购某类商品的流动顾客为主 | 根据商品特点而定 | 以销售某类商品为主，专业、深度、品种丰富，选择余地大 | 柜台销售或开架面售 | 从业人员具备丰富的专业知识 | 程度较高 |
| 8. 专卖店 | 市级或区级商业中心、专业街、百货店、购物中心 | 以中高档消费者和追求时尚的年轻人为主 | 根据商品特点而定 | 以销售某一品牌系列商品为主，销售量少、质优、毛利高 | 柜台销售或开架面售，店铺陈列、照明、包装、广告讲究 | 注重品牌声誉，从业人员具备丰富的专业知识，提供专业性服务 | 一般 |
| 9. 家居建材商店 | 城乡结合部、交通要道、消费者自有房产率较高的地区 | 以拥有自有房产的顾客为主 | 营业面积在6 000平方米以上 | 以与建设、改善家庭居住环境有关的装饰、装修等用品、日用杂品、技术及服务为主 | 开架自选 | 提供"一站式"购足和一条龙服务，停车位300个以上 | 较高 |
| 10. 购物中心 社区购物中心 | 市级或区级商业中心 | 商圈半径为5～10千米 | 建筑面积在5万平方米以内 | 20～40个租赁店，包括大型综合超市、专业店、专卖店、餐饮服务店等 | 各租赁店独立开展经营 | 停车位300～500个 | 各租赁店使用各自的信息系统 |

续表

| 业态 | | 基本特点 | | | | | | |
|---|---|---|---|---|---|---|---|---|
| | | 选址 | 商圈和目标顾客 | 规模 | 商品结构 | 商品售卖方式 | 服务功能 | 管理信息系统 |
| 10. 购物中心 | 市区购物中心 | 市级商业中心 | 商圈半径为 10～20 千米 | 建筑面积 10 万平方米以内 | 40～100 个租赁店，包括百货店、大型综合超市、各种专业专卖店、餐饮及娱乐服务设施等 | 各租赁店独立开展经营 | 停车位 500 个以上 | 各租赁店使用各自的信息系统 |
| | 城郊购物中心 | 城乡结合部的交通要道 | 商圈半径为 30～50 千米 | 建筑面积 10 万平方米以上 | 200 个租赁店以上，业态类型同上 | 各租赁店独立开展经营 | 停车位 1 000 个以上 | 同上 |
| 11. 工厂直销中心 | | 一般远离市区 | 以重视品牌的有目的购买为主 | 单个建筑面积 100～200 平方米 | 为品牌商品的生产商直接设立或委托独立经营者设立 | 自选销售 | 停车位 500 个以上 | 较高 |

**表 2.2　无店铺零售业态的分类和基本特点**

| 业态 | 基本特点 | | | |
|---|---|---|---|---|
| | 目标顾客 | 商品结构 | 商品售卖方式 | 服务功能 |
| 1. 电视购物 | 以电视观众为主 | 商品具有某种特点，与市场上同类商品相比，同质性不强 | 以电视作为商品宣传展示的渠道 | 送货到指定地点或自提 |
| 2. 邮购 | 以地理上相隔较远的消费者为主 | 商品适宜存储和运输 | 以邮寄商品目录为主要渠道，向消费者宣传、展示商品，并取得订单 | 送货到指定地点 |
| 3. 网上商店 | 以有上网能力、追求快捷的消费者为主 | 与市场上同类商品相比，同质性强 | 依托互联网进行买卖活动 | 送货到指定地点 |
| 4. 自动售货亭 | 以流动顾客为主 | 以香烟、饮料为主，品种在 30 种以内 | 由自动售货机完成售卖活动 | 没有服务 |
| 5. 电话购物 | 根据不同的商品特点，目标顾客不同 | 商品单一，以某类品种为主 | 主要通过电话完成销售及购买活动 | 送货到指定地点或自提 |

# 单元二　连锁经营的行业分布与业态分类

## 一、连锁经营的行业分布及业种

连锁经营几乎涉及所有行业的零售终端，但主要分布在商品零售业、餐饮零售业、服务零售业这三大行业。

### 1. 商品零售业

现代连锁经营发展始于商品零售业，通过适应当时的市场环境、消费条件等，引起轰动效应，从而引发各个行业的纷纷效仿，最终成为当代西方发达国家在流通领域的重要经营形式。商品零售业的特点是行业成熟度较高、市场相对稳定等。

### 2. 餐饮零售业

餐饮零售业是连锁经营的主要行业，西方发达国家在餐饮业中广泛采用连锁经营模式，涌现出了一大批耳熟能详的餐饮品牌，如麦当劳、必胜客、汉堡王等。餐饮零售业的特点有营销成本较低、回报率较高、抗风险能力较强等。

### 3. 服务零售业

服务零售业作为第三产业，涉及的行业非常广泛，如商务服务、通信服务、建筑服务、教育服务、金融服务、健康服务、旅游服务等，严格来说，餐饮服务从大类上也应属于服务业范畴，只不过由于餐饮零售业在连锁经营中极具代表性，把它单列开来而已。因为服务零售业有广泛性、综合性、技术性和地方性等特点，虽然连锁经营在服务业中的起步较晚，但随着城市的繁荣，居民的日益增多，生活服务的需求必将逐步增加，所以未来连锁经营在服务业中有着广阔的发展空间。

了解连锁经营的行业分布和业态分类，还需要跟“业种”的概念联系起来。所谓业种是指零售商业的行业种类，通常按经营商品的大类将零售业划分为若干业种。如果说业态强调的是“怎样卖”，那么业种强调的就是“卖什么”。连锁经营行业分布及业种如表 2.3 所示。

**表 2.3　连锁经营行业分布及业种**

| 行　业 | 业　种 |
|---|---|
| 商品零售业 | 汽车经销商、药行杂货商、家具店、汽车用品店、加油站、唱片行、运动及休闲器材、服装店、皮鞋店、计算机经销商、家电及电子器材店、花店、文具礼品店、便利商品店、百货商店、婴幼儿用品店等 |
| 餐饮零售业 | 速食汉堡店、一般餐厅、日本料理店、火锅店、比萨店、中式速食店、甜甜圈店、面包店、冰激凌店、巧克力店、咖啡店、卤味店等 |

续表

| 行　业 | 业　种 |
|---|---|
| 服务零售业 | 干洗店、旅店、汽车租赁店、汽车维修店、美容院、美发店、房屋装修、不动产中介、职业介绍、家政服务、旅行社、广告公司、会计师事务所、健身中心、自动售货机、舞蹈学习社、印刷影印、地毯窗帘清洁业、照相摄影业、胶片冲印业、各种专门学校等 |

## 二、商品零售连锁经营业态

连锁经营业态与零售业态并无本质区别，但从发展先后来看，零售业态先于连锁经营业态出现。一种零售业态的出现并不一定伴随着一种连锁经营业态的出现，如杂货店这一零售业态已经存在了上百年时间，但并没有以连锁经营的形式出现。

从广义角度分析，连锁经营业态包括商品零售连锁经营业态、餐饮零售连锁经营业态和服务零售连锁经营业态等，三者既有一定共性，同时又各具特点，下面将逐一分析。

由于连锁经营在商品零售领域的发展已经相当成熟，因此商品零售连锁经营业态与普通零售业态基本一致，下面主要介绍几种有代表性的商品零售连锁经营业态。

### 1. 连锁超级市场

超级市场（Super Market）是采取自选销售方式，以销售生鲜商品、食品、副食品和生活用品为主，满足顾客每日生活需求的零售业态。连锁超市一般采取多店铺购销分离的组织形式。

超级市场的经营特点：以自助服务与一次结算为经营方式；以食品和日常用品为主要经营品种；以廉价销售为经营方针；以大量销售为经营原则；以低费用和高周转为经营特色；拥有较高的流通效率。超级市场的业务流程可以概括为“开架售货、自助服务、小车携带、出门结算”。

**知识扩展 2.2**

**超市的发展演变**

超市源于食品杂货零售业，现已发展成为现代零售业的主导业态，也是连锁经营采用最为广泛的一种业态。西方国家的超市从产生到成熟经过了 30 多年的发展，是一个自然演变的过程。我国超市是在学习国外经验与实践创新中发展起来的，可以划分为四个阶段：一是大力发展小超市（标准食品超市）；二是引进外资“超市大卖场”，大型专业店迅速发展，对内资和传统小商店产生了巨大冲击；三是内资创办大卖场，超市、大卖场之间形成了激烈竞争的格局；四是寻求超市的差异化与生鲜化的道路，但生鲜超市的发展艰难推进。

### 2. 大型连锁超市

大型连锁超市是在超市的基础上逐步发展起来的，二者的经营特征十分相似，不同的是大型连锁超市的经营面积更大，经营的商品品种更多，为消费者提供“一站式”的购物服务，服务商圈的范围更广，停车场也成为大型连锁超市的一个重要条件。代表性的大型连锁超市有沃尔玛、家乐福、华润万家、百佳等。

### 3. 连锁仓储式商场

仓储式商场（Warehouse Store）是在大型连锁超市经营商品的基础上，筛选大众化实用品，实行储销一体、批零兼营，以提供低价商品和有限服务为主要特征的零售业态。

仓储式商场的经营特点：大多采取以固定顾客为满足对象的会员制；目标顾客为中小型商户和大宗商品的购买者；一般以低价销售，以批发价格向会员供货等。代表性的连锁仓储式商场有沃尔玛山姆会员店、麦德龙商场等。

**案例链接2.1**

#### 麦德龙的仓储式商场

德国的麦德龙集团（Metro）成立于 1964 年，是欧洲第二、全球第三的零售集团，在 30 多个国家和地区拥有现购自运制（Cash and Carry）商场、大型百货商场、超大型超市折扣店和专卖店等，共计 2 000 多家，旗下员工大约 25 万名。1995 年，麦德龙与中国的锦江集团合作，建立了锦江麦德龙现购自运有限公司。1996 年，麦德龙在上海开设了第一家商场，从一开始就取得了惊人的成功，并给中国带来了全新的理念。麦德龙凭借成功的管理模式，以上海为中心迅速向外扩张。2008 年，麦德龙在中国市场实现销售额 126.46 亿元，名列 2008 年中国连锁百强企业第 26 位。到 2012 年 8 月，麦德龙已在中国开设了 52 家商场。

麦德龙在中国开设的是会员制大型仓储式商场，其针对的顾客对象主要是专业顾客（如中小型企业、餐厅、酒店、娱乐场所等）和公共机构（如学校、医院、政府等其他团体），直接为企事业单位、中小零售商等团体服务，间接为普通消费者服务。顾客一律凭会员卡入场。在某种程度上，麦德龙的经营具有一定的批发性质。麦德龙每个分店的营业面积约 1.6 万平方米，吸纳 10 万～12 万个会员制客户，60%～70%的客户是团体购买或批量购买。

### 4. 连锁便利店

便利店（Convenience Store）是满足顾客即时需求的商店，具体表现为顾客层次年轻化、需求个性化、诉求快速化、服务多元化。便利店的“便”，主要体现在：时间上，营业时间长，多为 24 小时营业，全年无休；空间上，开店地点灵活，填补消费空隙；商品上，销售的商品全是顾客日常必需品及新品；对象上，与顾客保持良好关系，提供便捷的服务。代表性的连锁便利店有 7-11、全家、快客、良友金伴等。

便利店产生的基础是顾客对消费便利性的需求，其中快速服务是最为主要的。推动便利店发展的主要因素有人均 GDP 水平、生活方式、社会背景、消费习惯及气候条件等。特许连锁经营是便利店发展的基本出路。

### 5. 连锁百货店

百货店（Department Store）是在一个建筑物内，经营若干大类商品，实行统一管理，分区销售，满足顾客对时尚商品多样化选择需求的零售业态。百货店以中高档消费者和追求时尚的消费者为目标顾客，注重商品的品牌、质量和服务，对商品实行部门化管理。代表性的连锁百货店有上海百联、大商集团、广州友谊商店、王府井百货和太平洋百货等。

知识扩展 2.3

**百货店成为购物中心的核心业态**

据不完全资料显示，在中国目前的商业地产项目当中，已建成和在建中的超过 10 万平方米的购物中心已超过 300 个。从世界零售业的发展来看，购物中心一定是未来商业发展的主要潮流。在大型购物中心中，零售业态主要有三大板块，即百货店、超市和专业专卖店，可以说，现代百货店作为大型购物中心的核心业态与旗舰店当之无愧。也就是说，当购物中心成为未来商业发展的主流形态时，现代百货店有了新的市场和更大的发展空间。

### 6. 连锁专业店

专业店（Specialty Store）是指专门经营某一类或某几类，甚至某一种商品的零售业态。专业店商品经营范围伸缩性很大，可以仅经营一类商品，如面包类、鞋类、器皿类等，也可以扩展到若干种类相互关联的商品，如家电专业店，商品的品种就非常多。专业店一般具有选择性、流行性和专业性等特点。

### 7. 连锁家居建材商店

家居建材商店是以专门销售建材、装饰、家居用品为主的零售业态，需要配备具有丰富专业知识的销售人员并提供适当的售后服务。代表性的连锁家居建材商店有百安居、红星美凯龙、居然之家、瑞典宜家家居等。

案例链接 2.2

**宜家家居——为大多数人创造更加美好的日常生活**

宜家家居于 1943 年创建于瑞典，秉承“为尽可能多的顾客提供他们能够负担，设计精良，功能齐全，价格低廉的家居用品”的经营宗旨，现已成为全球最具影响力的家居用品零售商。截至 2008 年年底，宜家在全世界 36 个国家和地区拥有 292 家大型门市，其中 258 家为宜家集团自有，34 家为特许加盟。每年印刷量高达 1 亿本的《IKEA》商品目录中，收录了大约 1.2 万件商品，号称是除了《圣经》以外最被广为散布的书籍。中文的“宜家”除了取“IKEA”的谐音之外，也引用了成语“宜室宜家”的典故，表示带给家庭和谐美满的生活。

宜家家居以经营家居建材和家居用品为主，其目标客户群的月收入一般达到 4 000 元以上，有一定的消费能力，客单消费设定在 100～10 000 元。宜家实行全球化的采购模式，其产品是从各贸易区域采购后，运抵全球的 26 个分销中心，再送货至宜家在全球的商场。宜家的采购理念及对供应商的评估主要包括四个方面：持续的价格改进；严格的供货表现或服务水平；质量好且有利于健康的产品；环保及社会责任。

### 8. 连锁专卖店

专卖店（Exclusive Shop）是以专门经营某一品牌商品为主的零售业态。专卖店的作用主要有销售品牌当季商品，保持销售网络的稳定与发展；实现销售服务一体化，培养品牌忠诚顾客；及时收集消费者反馈及市场信息；传播品牌文化和形象等。

## 三、服务零售连锁经营业态

进入21世纪以来，我国服务业整体进入快速发展期，涉及多个领域和具体行业，目前在发展规模、经营水平、赢利能力等多个方面，均呈现出良好的发展态势，成为国家经济的重要增长点。相比之下，服务零售业的发展相对比较缓慢，但近年来，也呈现出比较好的发展势头。根据形成因素、经营行为和营销手段，服务零售业的连锁经营业态主要可分为六种类型，如图2.1所示。

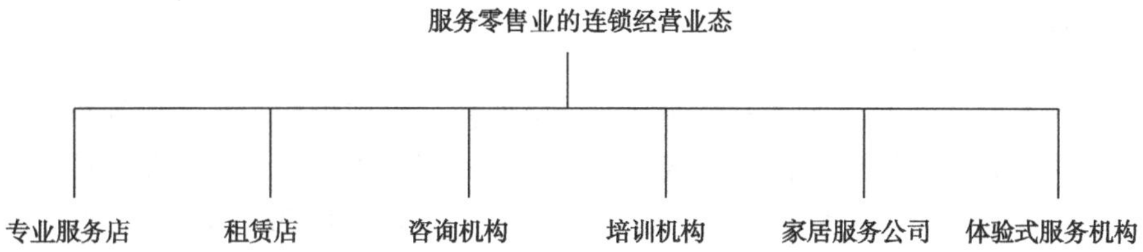


图2.1 服务零售业的连锁经营业态

### 1. 专业服务店

专业服务店主要提供单一的、生活服务类产品，如汽车美容店、洗衣店、冲印店、家电维修中心等。专业服务店的营业面积一般在10～200平方米，选址在学校、工业区、居民区等附近。以服务产品店内传递为主要服务方式，产品质量一般在服务传递完毕后才能得以体现，这是专业服务店区别于其他业态的重要特征。在我国，这种服务零售连锁业态发展较早，服务人群最广，发展速度较快。

**知识扩展2.4**

**汽车4S店**

自1998年广本、别克、奥迪率先在我国建立汽车4S店以来，这种形式得到了制造商的青睐。汽车4S店是指融汽车销售（Sale）、零配件（Spare Parts）、售后服务（Service）、信息反馈（Survey）为一体的专业汽车服务店。它与厂家建立紧密的产销关系，一般采取一个品牌在一个地区分布一个或相对等距离的几个专业店的方式，拥有统一的外观形象，统一的标志，统一的管理标准，并具有购物环境优美、品牌意识强等优势，能够较好地提升汽车品牌和生产企业形象。汽车4S店的实质就是为了满足客户在服务方面的需求而推出的一种业务模式，其核心含义是“提供汽车终身服务解决方案”。

#### 2. 租赁店

以各种租赁服务为主要产品，这种租赁服务的特点在于其本身无形，但必须以有形产品为载体，如汽车租赁、音像制品租赁、图书租赁等，并且服务主要过程不在店内实现，而需要消费者自身体验。租赁店的营业面积一般在30～100平方米，选址在学校、工业区、居民区等地。在我国，这种服务零售连锁业态初始于20世纪90年代初期，发展速度较慢，此种业态产品附加值较低，规模效应不明显，市场需求不够稳定。

#### 3. 咨询机构

产品为各种咨询服务，如房产中介、婚姻中介、职业介绍、法律咨询、个人理财等。这种业态传递和接受服务的过程主要在服务机构内完成，服务产品以提供知识、经验、信息为主，服务质量在传递过程中很难体会，一般必须在服务结束后一段时间内方得以完全体现。咨询机构的营业面积在30～100平方米，选址在商业区、工业区、居民区等地。

#### 4. 培训机构

产品为各种培训服务，如语言培训机构、早期教育培训机构、艺术培训机构及各种以营利为目的的职业技能培训机构等。这种业态传递和接受服务的过程主要在门店内完成，服务产品主要以传递知识和经验为主。培训机构的营业面积在50～500平方米，选址在商业办公区、居民区等地。

**案例链接2.3**

### 昂立教育——“不走弯路，快乐进步”

昂立国际教育是上海交大昂立教育集团推出的一个全国连锁的教育品牌，由上海昂立教育投资咨询有限公司负责推广发展。它依托上海交大昂立教育集团的强大资源优势，积极探索、大胆创新，在少儿英语教学上独辟蹊径，通过与国际多所著名大学合作，建立起一套适合中国孩子学习英语的系列教材体系和科学教学模式。以“让越来越多的孩子，享受学习英语的快乐、自信、激情”为使命，以“卓越的英语培训品牌、覆盖全国的英语培训学校”为目标，提出了“不走弯路，快乐进步”的教学口号。

目前，凭借强大的品牌实力、独特的教研成果、成熟的市场运营手段，截至2012年3月，昂立国际教育的学校已遍布北京、上海、天津、重庆四大直辖市及全国1 000多个城市，签约2 000家、已开出1 700家加盟连锁学校，年培训学生超过百万人，已成为全国外语培训行业教学质量突出、发展速度快、遍及地区广、家长满意的知名教育连锁机构之一。昂立国际教育为全国的直营或加盟连锁学校提供包括品牌支持、市场支持、教学支持、管理支持和研发支持在内的多项服务。

资料来源：根据昂立国际教育网站资料整理.

### 5. 家居服务公司

产品为各种家居服务，服务形式主要为上门服务，如快递服务、家政服务、房屋装修、搬家公司等。这种业态的服务产品主要为劳动，产品质量在服务过程中就能得以体现，店铺经营形式较少，主要通过广告和口碑等媒介推广。家居服务的营业面积根据公司类型、规模等相差较大，选址在商业办公区、居民区等地。

### 6. 体验式服务机构

产品主要以各种娱乐、旅游和个人服务项目为主，服务形式强调消费者的过程体验，因此服务质量在传递过程中将得到充分体现，如美容美发、连锁酒店、旅行社、电影院、健身中心等。这种业态服务产品的设计和传递相对复杂，因此定价相对较高。体验式服务机构的营业面积根据业种和规模的不同而相差较大，小则几十平方米，大则几万平方米，选址主要在商业重地、重要旅游景点、娱乐场所和居民区等地。

知识扩展 2.5

**我国经济型连锁酒店现状**

经济型酒店的概念产生于20世纪80年代的美国，“经济型”的含义是价格低廉且只提供卫生、简约、实用的住宿设施及早餐，因此在国外也常被称为“B（Bed）&B（Breakfast）”酒店。1996年，上海锦江集团旗下的“锦江之星”作为中国第一个经济型酒店品牌问世，其后各种经济型酒店品牌如雨后春笋般迅速发展起来。当前我国主导的经济型连锁酒店品牌有如家快捷酒店、7天连锁酒店、Motel168、锦江之星、汉庭、速8等，它们以一般商务人士、工薪阶层、普通自费旅游者和学生群体为主要客户群，以客房为唯一或核心产品，提供价格低廉（一般在人民币300元以下）、服务标准、环境舒适、硬件上乘、性价比高的服务，以直营、特许加盟和自由连锁等形式进行战略网点的布局，入住率大多在85%以上。2010年4月，商务部出台了《关于加快住宿业发展的指导意见》，提出以品牌化、连锁化、便利化经营为重点，力争用2～3年时间，将我国经济型酒店的比重由现在的不足10%提高到20%左右。未来，中国住宿业市场必将因经济型酒店的冲击而彻底改变结构，但对经济型酒店内部来说，伴随其成长的将是不同程度的整合与兼并。

## 四、餐饮零售连锁经营业态

目前，餐饮零售业的分类主要是基于传统的饮食行业分类方法，如按消费内容，大致分为中餐、西餐、日本料理及异国风味餐厅等；按消费方式，分为豪华餐厅、家庭式餐厅、自助餐厅等；按服务方式，分为餐桌服务、柜台服务等；按经营方向，分为餐馆、小吃店和饮料店等。而根据业态进行分类的较少，依据目前餐饮零售业连锁经营的现状，按照不同的经营行为和营销手段，我国餐饮零售连锁经营业态，主要可分为九种类型，如图 2.2 所示，每种业态在目标顾客、商品结构及服务方式等方面均有其自身特点。

餐饮零售连锁经营业态

- 快卖连锁店
- 快餐连锁店
- 小吃连锁店
- 专卖连锁店
- 休闲餐饮连锁店
- 自助餐饮连锁店
- 连锁餐厅
- 连锁酒楼
- 美食广场

图 2.2　餐饮零售连锁经营业态

### 1. 快卖连锁店

它是指以柜台式销售为主，配以简单服务功能的餐饮零售连锁店。食品品种比较单一，操作简单，多见于早餐供应、盒饭等，大部分提供外卖服务。目标顾客主要为蓝领阶层、学生和小区居民，价格低廉、经济实惠。店面营业面积在 5～10 平方米，主要选址在学校、工业区、饮食街或大型居民小区内。在我国，这种业态初始于 20 世纪 90 年代后期，首先开始于盒饭业，后扩展到早餐、小吃等。

### 2. 快餐连锁店

它是指将餐桌服务和柜台式销售相结合的餐饮零售连锁店。以供应午餐和晚餐为主，提供简单的服务，因快速供应而大受欢迎。目标顾客群体广泛，包括蓝领、白领阶层和学生等；价格以低档为主，中档为辅；营业面积在 10～100 平方米。中国快餐连锁店受到西式快餐连锁店影响而发展迅速，目前全国有上百个以经营中餐和西餐为主的快餐连锁店，如德克士、真功夫、永和豆浆、蓝与白等。

**案例链接 2.4**

#### 东方既白——百胜集团打造的中式快餐连锁

百胜餐饮集团中国事业部旗下的肯德基、必胜客等快餐，相信大多数人都不陌生，这家餐饮集团目前的销售额已经超过 100 亿元人民币。为了在中国站住脚，它们采取了很多主动的变化，如今它们又在用洋快餐的一套方法打造中式快餐。

2005 年 4 月，一家中式快餐店在上海最繁华的商圈之一徐家汇开张，文绉绉的店名——东方既白，取自中国北宋诗人苏轼《赤壁赋》中的诗句，店里卖的是传统中餐——包子、豆浆、米饭、面条，但开店的却是一家地道的美国企业——百胜集团。

虽然已经意识到中式快餐的标准化是一个非常难、非常大的工程，但百胜对于成功运作东方既白的信心来源于其强大的供货链系统和物流配送网，它们可以保证每家店卖出的青菜都是当天送达、当天烹制、无须冷藏的，也可以保证因温度变化而易破的馄饨皮被保存在恒温的仓储中心和冷柜车中。目前，东方既白的所有产品全部确立了标准的操作流程，如制作标准、保质标准和废弃标准等。这些标准的制定和执行，保证了出品的新鲜美味、品质稳定，而餐厅运营和服务等方面正是百胜所擅长的。

资料来源：根据“第一财经”报道及网络资料整理.

### 3. 小吃连锁店

这是中国发展最早的餐饮连锁业态之一，是以餐桌服务和柜台式销售相结合的餐饮零售连锁店，主要供应中国地方特色小吃，如天津狗不理包子店、重庆赖汤圆、马兰拉面、灵芝妹子过桥米线等。目标顾客主要为国内外游客、休闲市民等，价格中、低档均有，比较经济实惠，营业面积一般在5～50平方米，主要选址在商业中心、饮食街等。

### 4. 专卖连锁店

它是指以柜台销售为主的食品零售连锁店，通常销售一个品牌或系列包装的特色食品。以国内外游客、当地市民为目标顾客，营业面积一般在10～50平方米，选址在大型商业街、饮食街或居民区等。这种零售业态发展于20世纪90年代中期，受西方影响较大，最常见的如面包店，经营面包或点心，以方便、新鲜、价格低廉而为普通百姓所接受。

### 5. 休闲餐饮连锁店

这种业态定位于“休闲”，因此服务功能相对较多，包括环境、附加服务等。以供应饮料、咖啡、茶或小食品等休闲食品为主，目标顾客主要为年轻人、白领阶层及商务人士等，价格定位以中、高档为主，营业面积在50～500平方米。进入21世纪，我国经济的发展带动了消费需求的迅速增长，休闲餐饮连锁店的发展空间也迅速扩大，比较知名的有上岛咖啡、真锅咖啡、北京老舍茶馆、许留山等。

### 6. 自助餐饮连锁店

这种业态起源于西餐的一种就餐方式，厨师将烹制好的冷热菜肴及点心陈列在长条桌上，由客人自己随意取食。我国的自助餐饮店兴起于20世纪80年代后期，其特点是形式多样、菜式丰富、供应迅速、价格适中、用餐简便等，一般每人每餐固定价格，大多数限制就餐时段。自助餐饮的目标顾客主要为年轻人、休闲市民、家庭等，价格定位以中、高档为主，营业面积一般在100～500平方米，选址于大型购物中心、饮食街等地。

### 7. 连锁餐厅

这种业态以提供正餐为主，服务功能相对齐全，所有食品现场制作，品种丰富，讲究色香味及环境的融合，如我国八大菜系当中的湘菜、川菜、粤菜、鲁菜等，都已有以连锁餐厅形式在全国发展的代表。连锁餐厅的主要目标市场为当地市民请客吃饭，家人朋友团聚等，营业面积一般在100～500平方米，价格以中、高档为主，比较著名的连锁品牌有北京全聚德、湖南毛家饭店、四川皇城老妈、广州绿茵阁西餐厅、东北黑天鹅、内蒙古小肥羊等。

### 8. 连锁酒楼

连锁酒楼提供比连锁餐厅更多的食品种类，更全的服务功能和更大的营业场所，集休闲、餐饮、娱乐于一身，许多酒楼提供两个以上的菜系品种。连锁酒楼的目标顾客除了一般市民以外，商业往来人士及公务人员也是其主要服务对象。连锁酒楼的营业面积通常在

1 000 平方米以上，价格定位以高档为主。由于资金投入及菜系标准化等经营上的难度，以连锁形式出现的品牌酒楼相对较少。

**9. 美食广场**

这是一种新兴的餐饮零售连锁业态，初见于20世纪末，由多个独立的餐饮商铺组成，食品品种丰富，服务功能简单，价格经济实惠。美食广场的目标顾客为当地普通逛街休闲的市民，选址在大型购物广场高层或著名的商业街内，营业面积在500平方米以上，一般为单层。我国各大城市商业重地均能找到美食广场的踪影，但目前很少以连锁形式出现，尚处于萌芽阶段。

# 单元三　连锁经营的业态选择

## 一、影响连锁经营业态选择的要素

具体来说，影响连锁经营业态选择的要素有以下三类。

**1. 经营范围、商品结构和品种**

便民店通常只经营食品和日常用品，专卖店只销售某单一品牌的商品，专业店经营某一系列的产品，而百货商店所经营的是综合性、挑选性强的消费品以及高价值、高技术含量、优质服务的商品。所以，具有相同或相似的经营范围和商品结构是认识或划分零售业态的基本条件。

**2. 销售形式**

销售形式是指经营者以何种形式出售商品，包括商品摆设、顾客与商品接触方式（如柜台销售、自选销售、电话销售、网络销售等）、结算方法等，如小商贩是以散装为主，零星出售；仓储商店则主要采取成箱、成捆的批量销售；而超市、便民店则实行定量包装，敞开售货，自主选择，集中收款的形式。

**3. 经营方式**

经营方式指的是商品经营过程中所采取的方法和手段，包括网点设置、规模、服务功能及顾客联系的方式等，如百货店建在市中心繁华地段，规模较大，购物中心则处于城乡结合部，规模很大，便民店必须设在居民区以方便群众购买，规模较小；又如百货店、专业店要求全方位服务，而超市、仓储商店则更多地采取顾客自助服务的方式；再比如实行会员制或价格俱乐部成为仓储商店的基本特点等。

总之，连锁经营业态选择须考虑商店位置、规模、运营过程、所提供的商品与服务、定价策略、购物环境、客户服务及促销方式等要素组合来确定。

## 二、连锁经营业态选择的标准

随着生活方式日益丰富，消费者的需求也越来越多样化，满足不同的购买用途，是区别商业经营方式的主要标志。如今，以顾客层次划分为标志的店铺定位，逐步被按用途区别的业态选择所取代，因而选择业态必须考虑消费用途的差异；除此之外，价格带与服务水平的差异，来店频率的差别，也是选择业态的主要标准。

### 1. 提供用途的差异

根据目标消费者所需要的商品用途，选择适宜的业态。以食品为例，可以分为三类：每日三餐桌上必需食品，是食品超市的经营品种；隔一段时间才食用一次的食品，是部分专业食品店或百货店的经营品种；偶然性、一次性食用的食品，是地方特色店、礼品店的经营品种。

### 2. 价格带与服务水平的差异

价格带是指某一类品种的价格以基本价位为基础，形成从高到低的价格范围，是区别业态的一个主要标志。满足用途不同，使用和购买频率不同，价格带自然不同。使用和购买频率高的商品，价格必须在消费者容易接受的价格带范围内，而且同类商品价格差异不宜太大，否则不利于消费者选择购买。一般情况下，价格带的宽度是针对消费者需求来选择的，它与业态直接相关，决定了所面对的消费者的受众层次和数量。

### 3. 来店频率的差别

越是大众日常生活中使用和购买频率高的商品，顾客越是易于、乐于经常购买，来店频率越高；相反，如果经营使用和购买频率低、价位高的品种，顾客来店的频率必然低，相应地适用于商圈较大的业态。

## 复习思考题

1. 何为连锁经营业态？连锁经营业态与零售业态的关系是什么？
2. 商品零售连锁业态的类型有哪些？
3. 餐饮零售连锁业态的类型有哪些？
4. 服务零售连锁业态的类型有哪些？

## 案例分析

**破解国美和苏宁快速发展密码**

国美和苏宁的成功得益于中国家电业独特、迅猛的发展。二十多年来，中国家庭对于家电的需求极为旺盛，家电业发展迅猛，利润一直较高，但厂家竞争日益激烈，“鹬蚌相争，渔翁得利”，直接面向顾客的商家自然占有先天优势。国美和苏宁的当家人正是抓住了家电业业态转换的“天时地利”，即抓住了家电业销售从传统商场转为专业专卖店的大好时机，大量发展连锁店，实施薄利多销，并逐步实施统一品牌和形象标志、统一采购、统一配送、统一管理和统一资金结算的“五统一”连锁经营模式，从而傲视群雄，成为中国家电零售业龙头，同时也成为中国连锁百强的领头人。

在家电专业连锁店发展初期，国美、苏宁既获得规模快速扩张，又保持强劲赢利能力的根本原因在于，其商业模式实质上是一种“类金融”模式：国美、苏宁在与消费者进行现金交易的同时，延期3～4个月支付上游供应商货款，这就使得其账面上长期存有大量的浮存现金，并形成“规模扩张—销售规模提升带来账面浮存现金—占用供应商资金用于规模扩张或他用—进一步规模扩张带来零售渠道价值提升，拥有更多账面浮存现金”这样一个资金体内循环体系。随着规模的不断扩大，国美、苏宁的“集中采购”、“统一配送”、“标准化复制”等经营模式对于降低经营成本和费用的效用越来越大，其品牌影响力也越来越强，并获得较高的市场占有率和较好的效益。与此同时，由于对终端消费者的控制力和与供应商的谈判能力相应增强，容易获得更多比例的折扣和更优惠的付款结算方式，国美、苏宁的销售规模得以快速增长，最终形成“低价销售—提高销售规模—获得更多返利和通道费，更低采购价格—更低价格销售”这一良性循环的赢利模式。

有学者认为，国美和苏宁尽管都没有直接从事房地产业务，但从公司架构中发现，其实两家公司均采取了“商业+地产”模式的运作。由于中国近年来城市化进程的加快和房地产市场的超常规发展，商业地产运作开始盛行，很多公司都不同程度地参与到房地产运作当中，国美、苏宁的“圈地”运动也不例外。这种“商业+地产”模式，实际上是零售商希望借助商业养地产，同时通过房地产开发，为自己提供网点铺面以降低租金上涨带来的压力的经营模式。

与此同时，国美和苏宁的快速发展，不仅仅体现在店铺扩张带来的规模效益和“商业+地产”运作模式上，更体现在把握内功，不断创新，提炼自己的管理能力上。例如，苏宁建立了以SAP/ERP（企业资源计划系统）为核心的国际化信息平台，对全国连锁店面及物流中心实施图像监控，总部及大区远程多媒体监控中心负责实时监控连锁店、物流仓库、售后网点及重要场所的运作情况，全国连锁网络实现“足不出户”的全方位远程管理；并且依托SAP系统，与上游供应商之间实施了B2B（Business to Business，企业对企业）供应链项目，实现了信息系统的对接，对于信息共享、在线采购和结算、产品开发和消费者数据研究等具有很强的战略价值。在最佳商业模式评选中，通过对企业创新性、行业促进、客户价值、业务增长性、赢利性、稳定性、整体协调性和未来发展性等八个方面设立的评价指标和打分体系，苏宁在这八个领域都体现出了行业领导者的实力。2008年，苏宁荣获“年度中国最佳商业模式奖”，专家评委会在颁奖辞中这样写道：“苏宁创建了国内最优秀的家电零售管理后台，实现了超越性的连锁价值新模式——内生式增长，成为国内企业的新标杆。”

资料来源：周勇. 连锁经营管理原理. 上海：立信会计出版社，2011.

**思考题**

1. 国美和苏宁快速发展的社会和行业背景是什么？

2. 国美、苏宁的赢利模式是什么？国美、苏宁是如何顺应房地产市场的发展的？

3. 何谓苏宁的内生式增长？结合现实，谈谈国美、苏宁未来发展的挑战是什么。

## 实训项目

1. 以小组为单位，调查你所在地区的十家连锁企业，并且区分它们的所在行业及业态类型。

2. 以小组为单位，选取中外两家同业态的连锁超市，调查和比较这两家连锁超市在业态特征、经营定位、经营方式和管理制度等方面的异同点，并且进行分析和评价。

# 模块三

# 连锁企业的组织管理

【引导案例】

**国美电器——“改革到毛细血管”的组织架构调整**

经过全面的组织发展规划，中国家电零售业领军企业——国美电器于2012年实施了全新的组织机构。据了解，国美此次组织机构设计的基本思路是建立以品牌及战略规划为龙头，以采购、销售等经营体系事业部制为核心，以IT信息技术、物流、售后、财务、人力资源等支持体系为服务平台的矩阵式组织机构。

从了解到的组织架构调整信息，可以看到最显著的三个变化：一是以消费者体验为导向，重视运营。为了更好、更精准地服务于消费者，国美此次组织结构调整加强了营运体系的职能和资源配置；二是以供应链整合为焦点，强化采销。调整后，国美将以事业部为单位与供应商进行互动，在新的ERP系统构建的协同平台上，与供应商实现信息共享，从而达到零售业与供应商双方无缝对接，根据市场需求采购、制造产品，强化协同营销新模式；三是以强化未来增长引擎为目标，增设新业务单元。国美此次组织结构调整充分考虑了新业务的增长，对电子商务、物流、售后等业务进行了强化，从组织上保障这些业务在未来的快速增长，最终使得消费者享受更高质量的消费体验。

国美集团总裁王俊洲认为，组织结构的全新设计，能够支持国美更快更好地推进五年发展战略，实现跨越式的提升。在这次调整中，比较显著的是业务中心向事业部转变，这实际上是放大了各部门的经营空间，独立核算，增强了自主决策权，鼓励每一个部门、每一个门店、每一位员工创造更大的价值，这反映了国美基于新的发展环境、新的商业模式和新的信息系统平台上对企业组织管理的新思考。王俊洲特别指出，营运体系依据门店分类和多品牌战略也形成了相应的事业部，组成了差异化的、满足不同消费需求的门店经营管理模块，精细化的程度可以说是一次“改革到毛细血管”的调整。

资料来源：腾讯网家电报道.

【学习要点】

- 理解连锁企业组织结构设计的原则;
- 掌握连锁企业组织结构设计的流程;
- 明确连锁企业总部、配送中心和门店的管理职能;
- 了解连锁企业总部、配送中心和门店的主要机构及岗位职责。

【职业指导】

学习完本模块后，对连锁企业的任务和具体工作有较为清晰的认识，能够进行连锁企业总部、配送中心和门店的组织结构设计。

# 单元一　连锁企业组织结构设计的原则与程序

任何一个企业的经营与管理活动都离不开一定的组织结构。连锁企业由于其经营方式的特殊性，其组织结构和具体职能与传统商业有着明显不同。组织结构和职能的确立是连锁企业发展的重要环节，在其经营和管理的运作中，发挥着巨大的作用。这也是一百多年来，连锁经营能在世界范围内获得巨大发展的原因所在。

无论哪种形式的连锁企业，其基本的组织结构一般都由三部分组成：总部、配送中心和门店。总部是连锁企业的高层组织，是连锁经营的经营决策层和指挥领导层；配送中心是连锁企业的物流机构，是连锁经营成功的重要保障。当然，一些规模较小的连锁企业是把配送中心作为总部的一个部门来设置的；门店是连锁经营的基础，承担具体实施的执行功能。

## 一、组织结构设计的原则

### 1. 统一指挥的原则

统一指挥原则是指每个环节负责人明确，而且只对一个上级负责，上下级线条明晰、统一，责任清楚，避免多头领导，责任不清。

### 2. 以工作为中心的原则

这里的“工作”指的是工作量、工作环节和工作分配的综合。以工作为中心进行组织设计时，应有三条标准：一是没有多余的管理环节，每个岗位必须有明确的工作任务；二是部门划分粗细适当；三是每个部门的人员配备要与工作任务相适应，既不要人浮于事，又要有一定的人手，确保各项任务的完成。

### 3. 组织层次和管理幅度适当原则

组织层次应采取适当的扁平化框架。层次太多，沟通困难；层次太少，管理精力有可能跟不上。一般情况下，管理幅度以八人左右为宜。当然，由于领导职务层次和工作性质的不同，管理幅度也会有一定的差别，通常层次越高，管理幅度越窄，反之则越宽；工作内容越复杂，需要的指导越多，管理幅度越窄，反之则越宽。

#### 4. 专业化原则

专业化原则是指要按照专业功能来设计组织结构，如总部董事会承担决策功能，总部各职能部门承担执行功能，而连锁分店承担销售功能。其中，总部各职能部门应按工作性质进行设置，如果地域太广还可按区域划分二级组织。

#### 5. 对称原则

连锁企业组织还应符合对称原则，要求权利与责任、能力与职位相对称。

## 二、组织结构设计的程序

#### 1. 明确组织目标

连锁企业在进行组织结构设计时，首先应分析企业的内外部环境，合理地确立企业的总体战略目标及各项具体目标，为确定企业的主导业务流程提供指导方向。

#### 2. 明确企业的任务

一个连锁经营企业通常要面对的主要任务有：商品的采购、运输、验收、配送、存货控制；商品的标价、陈列；门店的维护、清洁、保卫；顾客调查、顾客接洽、顾客跟踪调查及处理顾客投诉；人事管理；商品的维修与调换；处理收据与财务记录；商品包装、送货、退货、销售预测、预算等。

#### 3. 确定与上游企业的任务分工

对于上述任务，应确定出哪些需要与制造商、物流公司等共同完成，或是应由各方分担相关任务。但连锁企业必须注意：相关任务由他方提供会减弱连锁店的经营管理控制权，不过同时也会由此带来成本的转移和效率的提高。

#### 4. 将任务分解为具体的工作

在这一步中必须发挥专业化的作用，将有关任务分解为具体工作。根据专业化原则，连锁企业所涉及的具体工作一般有：制定商品策略、价格策略、采购制度、配送制度、业务流程、作业标准、人事制度、设备管理制度、保安制度；开店调查，开店工作；检查指导门店工作；商品采购、配送、运输工作；验收商品，检查核对运输单据，商品标价，存货控制工作；商品陈列，顾客接洽，包装，顾客追踪服务工作；与顾客结算，处理现金收据；促销计划、促销设计等工作；橱窗装饰、内部展示、流动广告等工作。

#### 5. 工作分类

将以上具体工作进行分类，可以按照功能、产品、地理或综合运用上述条件来划分。按功能划分，是将工作按不同业务领域，如管理、促销、采购、门店营运等进行分类；按产品划分，是以商品或服务的不同为基础对工作进行划分；按地理划分，是以不同的地理区域或商圈对工作进行划分。一般大型连锁企业对工作进行分类时，会综合运用上述方法。

#### 6. 将工作落实到总部、配送中心或门店

将分类的工作落实到连锁企业相应的组成部分，形成总部职能、配送中心职能和门店职能。例如，管理类工作由总部完成；促销类工作由总部统筹，门店负责执行；运营类工作由门店具体完成；采购类工作则由门店和配送中心配合完成等。

#### 7. 设计职能部门

根据工作职能分别设计总部的职能部门、配送中心的职能部门和门店的职能部门，来完成相应的任务和工作。

#### 8. 组织定型

连锁企业组织必须采取整合与协调的方式，将不同的工作区分开来，并清楚地进行描述，同时工作之间的关系也要明确，从而形成一个分工明确、紧密相连的有机组织。

#### 9. 确定各岗位人员

组织结构设计的落脚点是为各部门和各岗位配备相适应的人员。连锁企业要根据各部门的工作性质和各岗位的工作内容，确定任职人员的素养和能力要求。通过适宜的招聘方式，配备相应的人员，明确其职务和职责，并通过培训、考核、激励等人力资源管理工作，使其充分发挥作用，达到满意的工作效果。

## 单元二　总部的组织结构与管理职能

### 一、总部的组织机构设置

连锁总部的组织机构设置会受到连锁体系类型的影响，也会受到连锁体系规模大小的影响，还有可能受到连锁体系创建人及合伙人的影响。下面介绍一般情况下连锁总部的机构设置。

### 1. 连锁总部最高管理层的组织机构

连锁总部最高管理层的组织机构如图 3.1 所示。

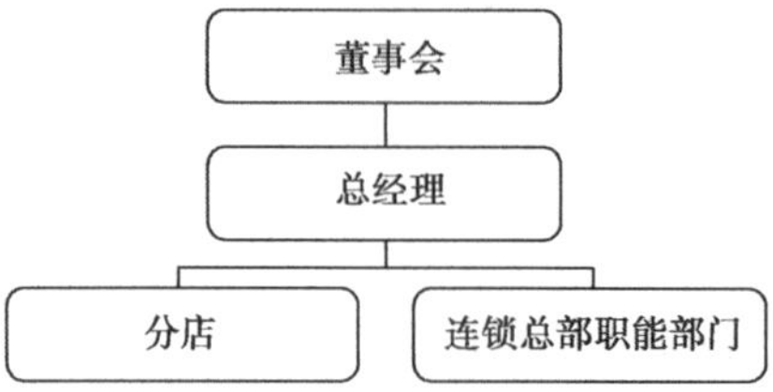


图 3.1　连锁总部最高管理层的组织机构

### 2. 连锁总部职能部门的组织机构

连锁总部职能部门的组织机构如图 3.2 所示。不同的业态，如百货店、超市、便利店、快餐店等，由于其具体业务内容不同，其组织形式也会有所不同。

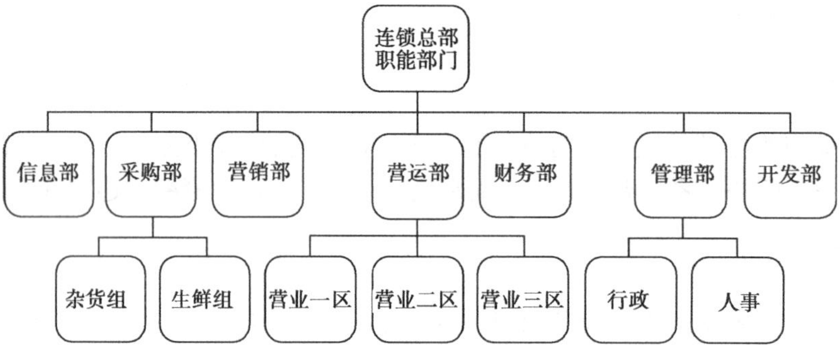


图 3.2　连锁总部职能部门的组织机构

### 3. 区域总部的组织机构

区域总部的组织机构如图 3.3 所示。

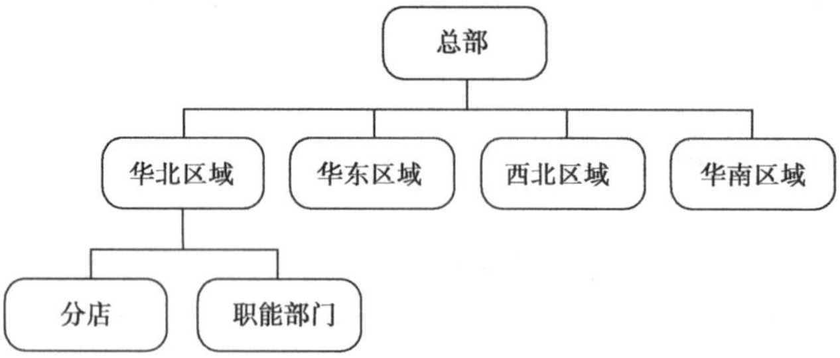


图 3.3　区域总部的组织机构

## 二、总部的管理职能

### 1. 采购部的主要职能

采购部的主要职能包括以下内容：
（1）采购方式的制定；
（2）供应商的管理；
（3）商品货源的维护，新商品的开发与滞销商品的淘汰；
（4）商品采购的谈判，采购价格的谈判以及商品销售价格的制定；
（5）制定与实施不同区域、不同产品大类的商品组合策略；
（6）商品储存、商品配送制度的制定及作业流程的制定与控制。

### 2. 营销部（或企划部）的主要职能

营销部（或企划部）的主要职能包括以下内容：
（1）促销策略的制定，促销活动的计划与执行；
（2）企业广告、竞争状况的调查与分析；
（3）店铺形象的设计；
（4）门店商品配置，陈列设计，商品销售分析，利润分析与改进措施；
（5）店铺促销计划的制订与执行。

### 3. 营运部的主要职能

营运部的主要职能包括以下内容：
（1）制定连锁企业的营业目标和各分店的营业目标，推动各营业目标的实现；
（2）编写连锁店营业手册，检查与监督营业手册的执行情况；
（3）分店经营的指导；
（4）派出指导人员考察分店的工作情况，并对改善现场作业进行指导。

### 4. 财务部的主要职能

财务部的主要职能包括以下内容：
（1）财务管理，即融资、资金使用、资金调度及企业财务状况与投资风险的分析；
（2）编制各种财务报表和会计报表；
（3）审核进货凭证，处理进货财务，与供应商进行货款对账并付款；
（4）统计每日营业额；
（5）发票管理；
（6）税金的申报与缴纳，年度预决算工作；
（7）对各门店财务工作进行统一管理。

### 5. 管理部的主要职能

管理部的主要职能包括以下内容：

（1）人力资源制度的制定与执行；

（2）员工福利制度的制定与执行；

（3）人员的招聘与培训；

（4）企业合同的管理，企业保安制度的制定与执行；

（5）企业办公用品的采购与管理；

（6）法律事务专员和公关事务专员的管理。

一些规模较大的连锁企业将管理部拆分为人力资源部和行政部，并作为独立的部门发挥各自的作用。

### 6. 开发部的主要职能

开发部的主要职能包括以下内容：

（1）新开分店或加盟分店的商圈调查，包括人口数量、消费收入和竞争状况等；

（2）新开分店的投资效益评估，加盟分店的销售能力评估；

（3）新开分店的自行建设、投资购买或租赁场地的投资预算；

（4）建设新店的工程设计与审核，工程的招标、监督与验收；

（5）新开分店的开店流程与进度控制；

（6）新开分店所需经营设备的采购，分店设备的维修与保养。

开发部的工作流程一般包括以下步骤：制定选址标准、设备标准和投资标准；商圈分析；建店、买店或租店；分店建造、改建或装修；施工监督和验收；新店开业等。

### 7. 信息部的主要职能

信息部也叫信息处理中心或计算机中心，是连锁企业信息处理与数据收集的总后方、总枢纽，也是连锁企业运作系统软件的支撑平台。连锁企业的所有软件系统都必须在计算机中心的企业总系统平台上运行才能发挥作用。连锁企业的各部门、各店铺的所有数据均须通过网络传到计算机中心，并由计算机中心进行汇总处理。信息部的主要职能包括以下内容：

（1）连锁企业信息的收集与处理；

（2）连锁企业计算机网络系统的养护与维修；

（3）商品代码、企业代码、条形码的打印处理；

（4）各种数据、影像资料的存储与保管；

（5）数据资料的加密与解密。

以上是连锁总部各部门的基本职能。实际上，由于业态不同，连锁企业的具体产品和服务也不同，这就需要对连锁企业的组织结构进行适当的调整。而在连锁企业发展的过程中，随着经营网络的扩张和经营项目的变化，总部的组织结构是在不断变化的，各部门的权限范围、行使方式、部门之间的功能和合作方式也会进行必要的调整，但各部门的基本功能是不会改变的。连锁总部主要职能部门与分店的运作流程如图 3.4 所示。

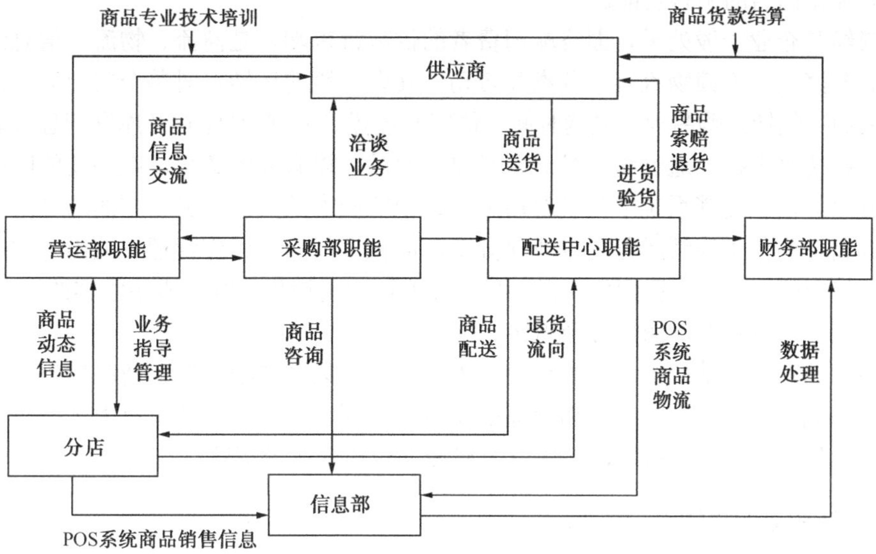


图 3.4 连锁总部主要职能部门与分店的运作流程

# 单元三 配送中心的组织结构与管理职能

## 一、配送中心在连锁经营中的作用与功能

### 1. 配送中心的作用

在连锁经营企业中，物流系统起到商品集散并带动商流、信息流、现金流三流运转的作用，它通过商品的集中采购、集中储备和统一配送，成为连锁经营市场供应的保障系统，也是连锁企业运作的基础。连锁物流系统不仅具有一般物流活动的价值功能，更具有其重要的特殊作用。

（1）保障连锁经营规模效益的实现。

连锁经营的赢利主要来自于规模效益，它将来自单个店铺的多品种、少批量的零星进货集中为大批量进货，通过集中、统一进货获取来自供应商的价格优惠。但由于连锁经营企业所属的店铺点多、分布面广，在进货的品种、数量和时间上不会完全相同，因此连锁经营需要高效率、低成本的物流系统给予支撑。这也说明，连锁经营的规模优势是建立在规范物流活动的基础之上的。通过配送中心把厂商或批发商供应的商品储存、分装、送货上门，把分散的实体储运活动转为系统的物流活动，协调产供销关系，缩短中间环节，使适销对路的商品在规定时间内、以适当的批量送达分店，实现连锁经营的规模经济效益。

（2）强化门店的销售功能。

连锁经营企业一般处于直面终端消费者的供应链末端，是商流、物流、信息流和现金流四流的汇聚点，连锁物流有效分离和带动了其余三流的运转。对单个门店而言，其必需的商品采购（包括采购品种、采购时间、供应商选择等）、商品储存及库存管理等职能都由连锁物流系统来承担，通过统一配送将必要的商品，以必要的数量，在必要的时间送到门店。一方面降低了连锁系统中门店对后勤辅助职能成本的支出，另一方面通过对后勤辅助职能的剥离，强化了连锁经营的专业化分工，简化了门店的运作管理，突出了门店的销售职能，使门店能够充分把握销售商机，最大限度地实现销售目标，满足顾客的消费需求。

（3）减少分店库存，加快资金周转。

商品的储存及运输职能均由配送中心承担，分店只需要根据销售情况提出计划，所需商品一般就能及时送达。由于分店存储的是少量、即销商品，因此可以大大减少各分店的商品库存量与流动资金占用量，加快资金周转，提高企业经济效益。

#### 2. 配送中心的功能

连锁物流配送中心与传统的仓库和运输是不一样的，一般的仓库只重视商品的储存保管，传统的运输只是提供商品输送而已，而配送中心则承担了连锁物流中的主要职能，重视商品流通的全方位功能，具有储存保管、分拣配货、送货、流通加工及信息提供五大功能。

（1）储存保管功能。

一般来说，除了采用直配直送的批发商之外，连锁企业的大部分商品必须经过实际入库、保管、流通加工包装后才可出库，因此配送中心具有储存保管的功能。配送中心一般都有库存保管的储存区，为了防止任何商品缺货，或多或少都有一定的安全库存，视商品的特性及生产前置时间的不同，其安全库存的数量也不同。一般国内制造的商品库存较少，而国外制造的商品因船期等原因需要储存较多的数量，库存周期一般为2～3个月；另外生鲜产品的保存期较短，因此库存量比较少；冷冻食品因其保存期较长，因此库存量也比较多。

（2）分拣配货功能。

配送中心的另一重要功能是分拣配货。各个门店对商品种类、规格、数量等方面都有不同的要求，因此配送中心必须根据各门店的补货要求，通过对储备商品的拆零、分拣等作业，完成对不同门店的配货工作，并以最快的速度送达各门店。配送中心的分拣配货效率是物流质量的集中体现。对于大型连锁企业来说，必须建立自动化的配送设备，才能达到上述要求。

（3）送货功能。

送货是连锁物流的一大核心功能，也是物流成本支出和提升物流服务质量的主要方面。配送运输不同于一般运输，配送中心送货主要是支线运输，其运输范围较小、区域密度较大，因此需要通过货物配装和路线规划，实现成本的降低和送货效率的提高。

一般送货流程包括配装、运输和交货。由于运输在送货中的重要性，选择合理的运输方式和使用先进的运输工具，对于提高送货质量至关重要。

（4）流通加工功能。

在物流过程中，根据零售要求或配送对象（产品）的特点，有时需要在配货之前先对货物进行加工和分装，以更好地满足用户的需求，如蔬菜的分拣、计量、包装，肉类的分割、计量、包装及散货分装等。这些作业是提升配送中心服务品质的重要环节。

（5）信息提供功能。

一些现代连锁企业的配送中心除了以上功能外，还集成了信息管理功能，掌握物流活动中的相关信息，为配送中心本身及上、下游企业提供各种信息情报，以供配送中心制定营运管理策略，开发商品路线，制定商品销售推广策略等时参考。例如，哪一个客户订多少商品，哪一种商品比较畅销，从计算机的分析资料中可以非常清楚地了解到，甚至可以将这些宝贵的资料提供给上游的制造商及下游的零售商作为经营决策时的参考。

知识扩展 3.1

**连锁物流的集中配送原则**

专业化分工表现在物流上就是集中配送，只有集中配送才能降低成本，提高效率，取得规模效益。集中配送主要表现在建立“3C”系统。

（1）TC（Transfer Center）系统。TC 系统即商品转运中心，或粗分货系统，主要针对的是那些各分店要求大批量供货的商品。工厂根据总部的订单，按各分店需求量分别打捆包装，运送到 TC，由 TC 进行验收，然后再分货装运到各分店，因为是整批整捆验收、分货、运送，所以叫粗分货系统。

（2）DC（Distribution Center）系统。DC 系统即商品发货中心，或细分货系统，主要针对的是各分店一次所要数量较少的商品，由工厂按总部订单总量供货到 DC，DC 接货后再按各店要货量开捆分货，配好货后发运到各分店，所余部分商品则暂时储存在 DC，供持续供货之用。因为 DC 是开装细分商品，所以也叫细分货系统。DC 与 TC 的不同，一是有粗细分货之别，二是 DC 有暂时储存商品的功能。但在实际中，两者往往设置在一起。

（3）PC（Process Center）系统。PC 系统即生鲜食品加工配送中心，主要针对的是各分店所订的生鲜食品。由总部大批集中采购至 PC 后，进行检验、加工、解冻、分割、包装，再运送至各分店。其职能与 DC 类似，区别在于处理的是生鲜食品，且要加工处理。

## 二、配送中心的组织机构设置

根据以上对配送中心在连锁体系中的作用与功能的分析，可以看出配送中心对于连锁企业来说是一个非常重要的部门。一般连锁企业的规模和性质不同，配送中心的组织结构也不一样。通常，配送中心的组织机构如图 3.5 所示。

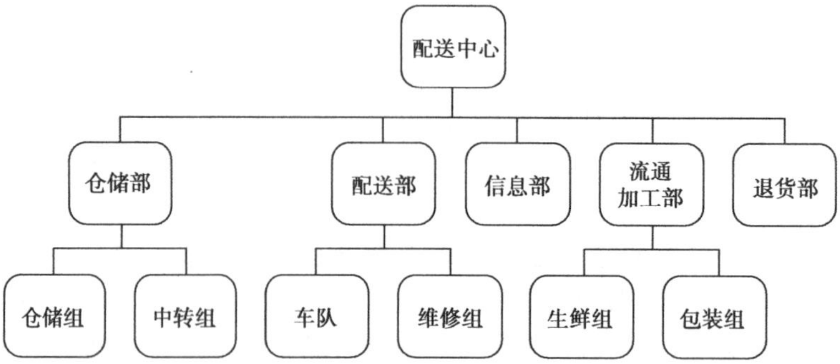


图 3.5　配送中心的组织机构

## 三、配送中心各部门的管理职能

### 1. 仓储部

仓储部是配送中心最重要的一个部门。有的配送中心把仓储部分为仓储组和中转组。仓储是指商品在配送中心会存放一定时间，中转则是指供应商把商品送至配送中心后，马上就分配到各个门店的情况，一般中转在配送中心的停留时间只有一天，最多不超过三天。总体来说，仓储部具有以下职能。

（1）收货与检验。根据采购部门的采购订单，接收供应商送来的货品，并负责检验。

（2）分配库位。对于要存储的货物，把它们分类并存放到合适的库位，对于中转的货物要分配到相应的门店。

（3）保管工作。对库存商品进行保管和维护。

（4）分拣。根据门店订单，到相应的库位进行拣货。这是仓储部一项非常重要的工作。

（5）库存盘点的工作。

（6）库存管理。对库存商品进行相关统计分析，为采购和营销提供重要信息。

（7）仓库维护与修理。

### 2. 配送部

配送部同样也是配送中心的一个主要部门。有的配送中心有自己的运输车辆，有的配送中心则在外租用车辆。无论是哪种形式，配送部都具有以下主要职能：

（1）货物的装车工作；

（2）货物的运输工作；

（3）货物与各分店的交接工作；

（4）接受各门店的退货；

（5）各种单证、物品的交接；

（6）车辆的采购（租赁）工作；

（7）车辆的维护工作；

（8）驾驶员的管理工作。

#### 3. 信息部

配送中心也有信息部。一般情况下，配送中心的信息部与总部的信息部之间有着一定的联系。配送中心的信息部一般具有以下职能：

（1）配送中心计算机的采购与维护；

（2）配送中心管理信息系统的设计与维护；

（3）配送单证的打印；

（4）配送中心商品数据的统计和分析。

#### 4. 流通加工部

对于一些规模较大的连锁企业来说，配送中心的流通加工项目主要有以下几类：

（1）商品的再生产；

（2）商品的再包装；

（3）生鲜产品的采购、清洗、分拣、包装等加工工作；

（4）自有品牌商品的生产。

#### 5. 退货部

退货是企业经营当中不可避免的事情，通常配送中心要接受各门店的退货，退货部的具体职能主要有以下几个方面：

（1）清点、验收、分类各门店退货；

（2）通知供应商前来配送中心处理退货；

（3）损坏和过期商品的处理工作；

（4）退货商品的库存保管工作；

（5）统计、分析退货原因及情况，并及时上报相关主管部门。

## 单元四　门店的组织结构与管理职能

### 一、门店的管理职能

门店是连锁经营的基础，主要按照服务规范要求，承担日常销售的任务。门店也是连锁总部各项政策的执行单位，应把连锁企业总部的目标、计划和具体要求体现到日常的作业化管理之中。同时，门店又是连锁企业直接向顾客提供商品和服务的单位，因而其主要职能应是商品的销售与服务，除此之外，还应承担向总部传递销售情报等职能。

### 1. 环境管理

环境管理主要包括店头的外观管理与卖场的内部管理。

（1）店头的外观环境。

店头的整洁、美观程度，直接影响着消费者的购物心情，美好的外观环境甚至可以起到吸引消费者进店购物的作用，因此建立和维护良好的店头外观环境非常重要。

（2）卖场的内部环境。

卖场内部环境主要包括通道、货架、灯光、各种设备和购物氛围等，优美的卖场内部环境是一种无声的推销。

### 2. 商品管理

商品管理主要包括对商品陈列、商品质量、商品损耗及商品销售状态的管理。

（1）商品陈列管理。

必须严格按照连锁总部所设定的统一标准进行陈列；要做到满陈列，以便最有效地利用店内空间；另外，要注意陈列商品的及时整理，使商品陈列的方式、高度、宽度、陈列量、排面等符合商品陈列表的要求。

（2）商品质量管理。

必须重视商品的包装及商品的标签，加强对商品保质期的监控，对生鲜食品要实施鲜度管理。

（3）商品损耗管理。

防止商品的动碰损耗，重视商品盘点，加强防盗工作。此外，对商品保质期的监控，与促销活动的配合，也是控制商品损耗的有效办法。

（4）商品销售状态管理。

必须掌握商品的销售动态；根据销售动态，及时做出反应，如及时补充货源等；及时管理滞销品，如在总部的指导下调整陈列位置及价格等。

### 3. 人员管理

门店的人员管理主要包括员工管理、顾客管理和供货者管理。

（1）员工管理。

员工管理是人员管理的核心，其管理的重点有：按公司规定控制人员总数及用工时数；培养全体店员的团队合作精神；合理分配工作任务，并要求员工严格执行公司总部所制定的作业规范；树立全体员工的礼仪精神，做好服务工作；根据营业状况排定班次，做好考勤工作；注意照顾员工的身体状况及应有的权利等。

（2）顾客管理。

对顾客的管理主要包括对顾客的了解、引导和适当的控制，如了解顾客的类型和各类顾客的需求特征；在卖场内设置醒目的指示性标志，以便于顾客选购商品；对顾客的行为依法实施必要的限制，如明确告知顾客店内禁止吸烟、饮食、拍照、抄价，或进入卖场必须存包等；妥善处理顾客的投诉。

（3）供货者管理。

无论是厂方还是公司内部的配送人员，送货或是洽谈业务，都必须在指定地点、按规范程序进行，如需要进入卖场，也必须遵守有关规定，如佩戴特殊的标志等。

### 4. 财务管理

门店的财务管理主要包括收银管理及凭证管理。

（1）收银管理。

收银作业是门店销售服务管理的一个关键点，收银台是门店商品、现金的“闸门”，商品流出、现金流入都要经过收银台，稍有疏忽就会使经营活动前功尽弃。从现金管理角度来看，收银管理应把握以下重点：控制收银差错率；防止收入假币及信用卡欺诈行为；分清各班次收银员的经济责任；及时结算并上缴营业款；严防内外勾结侵吞货款等。

（2）凭证管理。

有些凭证（如进货凭证、退货凭证）是日后结算付款的依据，与现金具有同等的效力，所以应妥善保管与处理。例如，对连锁超市的门店而言，会计工作一般由总部负责，但基本的凭证仍需要门店妥善管理，包括进货凭证、销货发票、现金日报表、现金投库记录表、交班日报表、退货凭证等。

### 5. 情报管理

连锁门店既是企业经营情报的发送者，又是各类经营情报的接收者，因此加强情报管理，便成了连锁门店的一项重要工作。连锁门店的情报管理主要包括以下三类。

（1）店内经营情报管理。

这是连锁门店情报管理的重点，主要包括销售日报表、商品销售排行表、时间销售报表、供应商销售报表、异常销售分析表、促销商品分析表、销售毛利分析表、ABC 分析表等。此外还包括员工的意见、建议以及他们的心理和行为状态等情况。

（2）竞争店情报管理。

连锁门店有责任对附近的竞争店情况进行调查，主要包括与竞争店的距离、交通条件、商品结构、商品价格及质量、门店规模、顾客购买行为等。

（3）消费者需求情报管理。

消费者需求情报主要包括消费需求的总体趋势、社区内消费者的总体规模、收支水平、购买特征等。其中，顾客投诉情况的分析，应作为了解消费者需求的一个重要方面。

## 二、门店的组织机构设置

由于连锁企业实行的是商品采购、配送、财务等作业的总部集中统一管理，所以连锁门店的组织结构相对比较简单。而视门店的业态特征、性质、规模大小以及商品结构等因素的不同，门店的组织结构都会有所差异。例如，直营店通常由店长直接管理，同时下设副店长、值班长、组长等职务；规模较大的门店分工明确，并分别由组长主管；而规模较小的门店则不再分组。一般中等规模门店的组织机构如图 3.6 所示。

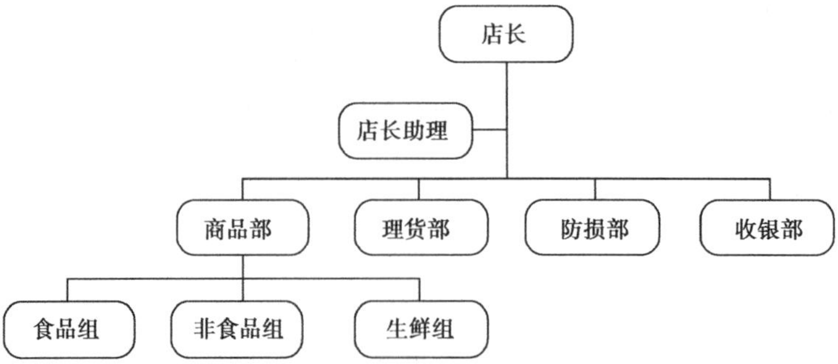


图 3.6　中等规模门店的组织机构

## 三、门店主要岗位的职责

### 1. 店长工作职责

店长是门店的第一责任人，是门店的总管，其主要职责如下：

（1）负责门店的经营管理；

（2）对总部下达的各项经营指标的完成情况负责；

（3）监督门店的商品进货、验收、仓库管理、商品陈列、商品质量管理等；

（4）执行总部下达的商品价格变动；

（5）执行总部下达的促销计划与促销活动；

（6）掌握门店销售动态，及时向总部提出建议；

（7）监督与改善门店各部门商品的损耗管理；

（8）监督和审核门店的会计、收款等作业；

（9）负责门店员工考勤、仪容仪表和服务规范执行情况的监督与管理；

（10）负责提出门店员工的人事考核、职位提升、降级和调动等建议。

### 2. 理货员工作职责

理货员是在连锁门店中间接为顾客服务的销售人员，其工作质量的好坏直接影响着门店的销售额和形象，其工作职责如下：

（1）熟悉所在商品部门的商品名称、产地、厂家、规格、用途、性能和保质期限；

（2）遵守连锁门店仓库管理和商品发货的有关规定，按作业流程进行工作；

（3）掌握商品标价的知识，正确标价；

（4）熟练掌握与商品陈列有关的专业知识，并把它运用到实际中；

（5）搞好货架与责任区的卫生，保持清洁；

（6）及时对顾客挑选后商品及货架剩余商品进行清理并做好商品的补充工作；

（7）保证商品安全。

### 3. 收银员工作职责

收银员是门店的重要岗位，收银员的素质和能力直接影响着门店的效率与服务，其工作职责如下：

（1）为顾客提供咨询和礼仪服务；

（2）为顾客提供结账服务；

（3）现金作业和损耗预防；

（4）配合超市安全管理；

（5）营业前的准备工作；

（6）清洁、整理收银作业区；

（7）整理补充必备的物品及面售商品；

（8）准备好零钱；

（9）收银机的日常维护与设置；

（10）收银机的检查；

（11）了解当日促销商品及促销活动注意事项。

### 4. 防损员工作职责

一般的连锁门店都设有专业的防损员，但门店外的防损员通常称为保安。下面主要介绍店内防损员的工作职责：

（1）维护门店秩序，保障门店的财产安全；

（2）对责任区内的重点防护区（包括收银台、贵重商品、危险物品存放地等）严密守护、巡逻，如发现异常情况，应立即上报保安部，并果断处理；

（3）对发生在门店内的一切有损门店形象，影响门店正常经营秩序的人和事，应及时加以制止，如果制止无效则应立即上报保安部及门店经理，以便协调解决；

（4）熟悉责任区的地理环境、商品分布情况及柜组负责人情况，以利于开展工作；

（5）加强巡逻检查，发现火险隐患应在立即排除的同时向门店负责人、保安部报告，监督、检查处理方法和结果；

（6）发生火灾时，应在门店负责人的统一指挥下，积极组织扑救、抢救工作，并妥善疏散群众；

（7）发生治安、刑事案件时，应采取积极有效的措施，抓捕肇事者、犯罪嫌疑人、保护现场，及时向保安部报告，配合公安机关开展工作；

（8）完成门店及保安部临时指派的各项任务。

**案例链接 3.1**

**普尔斯马特会员商店的部门设置**

普尔斯马特会员商店共设有七个部门，如图 3.7 所示。

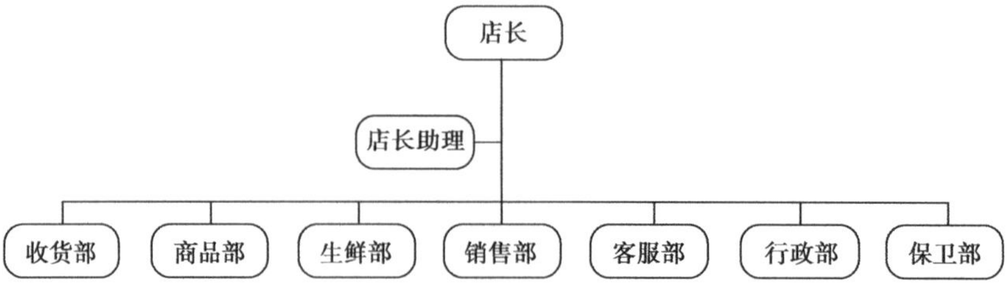


图 3.7　普尔斯马特会员商店的部门设置

收货部：顾名思义，它是接收商品的部门，同时它还负责退货的处理及整个仓储店各类设备的维修、维护（除计算机设备外）。该部门设有主管、收货员、退货员、办公室人员（录入员）、设备主管、设备员工、叉车司机等。

商品部：按照商品的七个正确（即正确的商品、正确的地点、正确的时间、正确的数量、正确的条件、正确的价格、正确的服务）将所有商品（除生鲜食品外）进行合理摆放，是商品部的职责。该部门分三个区域：食品区、非食品区和中心区，各区配有相应的主管、叉车司机、理货员。商品部还设有一名 QC（Quality Control，质量控制）员，专门负责价签标志。

生鲜部：按生鲜商品的要求展示和售卖生鲜食品。生鲜部包括冷冻/冷藏食品、生肉、熟食、面包、快餐、果蔬等操作间。该部门设有主管、员工及 QC 员。

销售部：该部门分为大宗购物组、会员部（制卡、推卡）两个部分。大宗购物组主要负责开发、维护大宗批发客户和团体购买客户；会员部主要负责推销、制作会员卡，以扩大、巩固一个店的会员数量，同时获得会员费收入。

客服部：提供快速、准确、友好的收银服务是客服部的职责，同时客服部负责办理会员退、换货及为会员提供存包服务等。该部门设有收银主管、收银员、退/换货员工、存包员。

行政部：它是整个仓储店的审计及后勤部门。该部门设有人事主管、出纳、审计员（包括库存审计、销售审计）、清洁员等。

保卫部：保护公司财产和人员（包括会员和员工）的安全是保卫组的职责。该部门设有门检员、中控员、内保等。

资料来源：《普尔斯马特培训手册》.

## 复习思考题

1. 在进行连锁企业组织设计时，应注意哪些问题？
2. 连锁企业的总部通常具有哪些职能？连锁门店和总部的关系是怎样的？
3. 连锁门店的主要岗位有哪些，它们的主要职责分别是什么？
4. 配送中心在连锁经营体系中具有什么样的作用？
5. 连锁企业的配送中心一般有哪些部门，各有什么职责？

# 案例分析

## 肯德基——“整体大于部分之和”

肯德基连锁经营的成功，其背后有着成熟、完善的连锁经营系统架构作为强大的支撑。

### 一、肯德基的组织结构

肯德基总部有13个部门，包括法律部、财务部、人力资源部、公共事务部4个服务部门，以及IT部、采购部、配销中心、企划部、营建部、品质控制部、营运部、开发部、加盟事业部9个业务部门。其中4个服务部门是专为其他9个业务部门提供服务的，而9个业务部门又凭借各自的专业化分工及相互的协作，实现整个作业流程。肯德基的服务部门和业务部门各司其职，拥有良好的沟通，保证了整个组织机构运行的畅通。

### 二、肯德基的运作方式

肯德基不仅设计了合理的组织结构，还将其结构与运作方式整体有机地结合起来，从而充分实现了对单店的支持、控制、沟通、授权，使其连锁经营具有“整体大于部分之和”的功能。

1. 总部的运作

（1）支持功能。总部对单店的支持功能主要体现在以下几方面。一是选址。肯德基的店址选择过程非常严谨，包括商圈的划分和选择、聚客点的测算和选择、两级审批制决策3个步骤。通过自己科学的选址方法，保证了单店开发的成功率。二是物流配送。肯德基在国内的供应链模型是：供应商—配送中心—地区配送中心—单店。通过独立的物流配送体系、统一的配送流程和完善的配送服务，肯德基实现了大规模的配送数量及较低的配送费用。其配送中心的主要责任是锁定采购渠道，而将非关键性职能（如商品实物流）交由外部企业来完成，充分体现了餐饮业连锁经营的专业化特征。三是营销推广。肯德基的营销活动由总部每年统一规划。在营销活动准备执行时，总部会向指定单店发放一个规则详细的企划手册，各单店只要照做即可。通过统一的、大规模的、有计划的营销推广，使得肯德基的品牌建设统一有效，单店销售量得到稳定保障。四是人力资源支持。总部为单店提供强有力的人力资源支持，包括经理、助理等管理人员的派遣及一般体系，保证了人员综合素质的提高。公司在中国特别建有适用于当地餐厅管理的专业训练系统及教育基地，配备了先进的视听设备、一流的培训教材，并且从餐厅服务员、餐厅经理到公司职能部门的管理人员，都按照其工作的性质要求安排了严格的培训计划。

（2）控制功能。控制功能分为3个部分。一是总部对财务信息的集中控制。肯德基的“财务控制”模型是：单店每日的营业额信息当日即汇总传送到分公司，再统一传送到总部财务部门，单店运营只负责相关成本核算。这就使总部能够及时地了解各单店的运转情况，以保证单店运营状况达到可控状态，使信息保持畅通运行，总部和单店双方的利润分配有据可循。二是总部对单店运作流程的控制。肯德基的“督导体系”模型是：总部—营运部—分公司营运部—区域营运经理—单店。通过如此层次分明、职责清晰的督导，肯德基单店日常运营中各环节能够严格按照标准执行，确保了产品质量的稳定和信息沟通的及时有效，而且对人员的绩效考核清晰分明，利于职责到位。三是总部对单店的企业文化灌输。肯德基总部特别注重向单店灌输其具有服务意识导向的强有力的企业文化。通过统一的 CIS（Corporate Identity System，企业形象识别系统）和发行内部刊物等，肯德基将“群策群力，共赴卓越”等企业文化根植于员工的意识中，以这一“无形规则”实现对单店的有效控制。

（3）沟通功能。肯德基通过完善的信息系统建设来保障内部沟通的顺畅，达到良性运转的目的。它的 ERP（Enterprise Resource Planning，企业资源计划）系统是作为其管理运作的核心部分出现在整个体系中的。借助这个发达的信息系统，肯德基可以提高效率，降低成本，使物流、信息流体系更透明，信息保持畅通运行。

2. 单店的运作

肯德基在单店日常运营中的标准化服务主要由全球推广的“CHAMPS 冠军计划”实现。“C”是指“Cleanliness”，保持美观整洁的餐厅；“H”是指“Hospitality”，提供真诚友善的接待；“A”是指“Accuracy”，确保准确无误的供应；“M”是指“Maintenance”，维持优良的设备；“P”是指“Product”，坚持高质稳定的产品；“S”是指“Speed”，注意快速迅捷的服务。“冠军计划”具有非常详尽的、可操作性极强的细节，以及全部量化的考核指标，并要求每位员工严格执行统一规范的操作。这是肯德基数十年来在快餐服务单店经营上的经验结晶。此外，肯德基的单店在运作中接收到的是总部全方位的品牌输入、管理输入和人员输入，由此，单店的规范化、简单化和专业化运作得到了进一步保证。

资料来源：周勇．连锁经营管理原理．上海：立信会计出版社，2011.

**思考题**

1．肯德基总部的组织架构是怎样的，它如何发挥作用？

2．肯德基总部是如何支持单店运作的，肯德基物流配送中心的功能与其他连锁企业有何不同？

3．肯德基如何通过其组织架构，实现对单店的管理和控制，以保证单店的运作和服务？

## 实训项目

1．观察一家百货商店，了解其经营的商品及经营的特色，设想如果要把它发展成为连锁经营企业，请设计出总部的组织结构并描述其工作职责。

2．假设现在要以连锁经营形式发展便利店，营业面积在 100 平方米左右，请设计门店组织结构并描述各岗位职责。

# 模块四

# 连锁企业的区域扩张与选址评估

**【引导案例】**

**日本伊藤洋华堂——选址调查三步走**

伊藤洋华堂于1920年创立，业务涉及零售、餐饮、金融、加工制造、出版等行业。零售业是伊藤洋华堂集团涉足的主要领域，业态包括便利店、大型综合超市、百货店、专业店和折扣店等。该公司兴建大型超市选址调查的做法如下。

第一步，在一个时期内，每天派人从上班时间起全天在地铁站、汽车站和主要公路口记录从本地区出发上班的不同性别的人数，白天定时外出、归来的家庭主妇的人数，出入高峰时间段的人数，晚上回到住宅生活区和途经本地区出站用餐、购物的人数，离开本地区的人数等。从而把握本地区实际就业人数、消费人数和大致的收入水平等。

第二步，企业调查人员分散到本地区现有各店铺，实地记录消费者购物的时间段、店铺的商品结构，收集购买者遗弃在店铺废纸箱里的收款机凭条存根，了解本地区居民的购物时间表，不同时间段内所购商品的种类、品牌和每次购物数量及购买频率。对这些信息进行综合分析，可以得到比较准确的本地区居民对日常购物的距离要求、购物成本、支付价格、花费时间、消耗体力与不同商品的替代情报等。

第三步，观察家庭垃圾。从20世纪70年代起，日本城市居民的垃圾处理，已经全部实行由居民自己按规定进行袋装分类，集中置于公共垃圾箱的制度。调查垃圾的目的是通过各家各户的各种废弃物，如食品清洗过程中的遗物、空瓶罐、日用品外包装、旧物品等的分类统计，整理本地区对深加工、半加工、不加工食品的需求比例和不同品牌的饮品、日用品、穿着品的需求状况。该公司尤其重视对本地区现有店铺中未陈列商品的记录，以避免因店铺不经营就误认为没有需求的错误。

资料来源：彭娟. 连锁经营管理基本原理与实务. 北京：中国水利水电出版社，2011.

【学习要点】

- 掌握连锁企业区域扩张的模式；
- 了解连锁企业区域扩张的路径；
- 理解商圈的概念，熟悉商圈调查的内容；
- 了解商圈调查分析的流程，掌握门店商圈划定的方法；
- 掌握网点选址的具体步骤和方法。

【职业指导】

通过本模块的学习，能够根据某一连锁企业的资源状况，规划其网点扩张模式及路径；能够对商圈进行调查分析和划定；在此基础上，能够依据店铺的业态和业务等情况，对备选店址的价值进行正确评估，选择适合的门店店址，并且撰写详细的选址分析报告。

# 单元一　连锁企业的区域扩张

## 一、区域扩张的模式

区域扩张模式，就是网点空间布局模式。在初创时，许多连锁企业并没有一个明确的区域扩张思路，但随着规模的不断扩大，扩张思路也渐渐明确。区域扩张模式主要有两种：圈地模式和跳跃模式。

### 1. 圈地模式

圈地模式是指连锁企业在一个区域内集中资源开店，将可能开设的门店数量尽量开设完，再寻找另外的开店区域，以便充分挖掘该区域的市场潜力，发挥资源整合优势，降低管理成本和后勤服务成本，增大宣传效果，以达到获取规模效益的目的。

圈地模式的具体操作方式有两种，一种是以一个城市作为目标，集中资源在该城市迅速铺开网点，大造声势，以吸引消费者的注意。这种网点布局战略对消费相对分散且区域性竞争不明显的便利店、冷饮店等尤为适用。例如，日本的7-11便利店通过特许经营方式拓展分店时，一个重要的策略就是集中开店，在一个地区取得市场支配地位之后，再进入下一个地区，而不是追求“全面开花”。

圈地模式的另一种操作方式是连锁企业在考虑网点布局时，先确定物流配送中心的位置，然后以配送中心的辐射范围为半径逐步扩张。这种方式更注重配送中心的服务能力，以求充分发挥配送的潜力。配送中心的辐射范围一般以配送车辆60～80千米的时速，在一个工作日内可以往返配送中心的距离来测算。这种布局战略对要求商品配送快捷高效的标准超市尤为适用。据一般正常运转的连锁超市的情况来看，配送中心的成本一般要占到整个超市销售额的4%，所以配送中心的成本是整个企业成本控制的重中之重。

圈地模式的优势：一是充分发挥配送潜力，减少总部的投资压力；二是提高了商品的配送效益，保证了送货的及时；三是节省了人力、财力、物力，提高了管理效率；四是降低了连锁企业的广告费用，实现了形象上的乘数效应。

圈地模式的风险：采取这一扩张模式，必须等待在一个区域开完计划的门店之后，再进入另一个区域，所以要完成整体的布点工作可能需要较长的时间，也就有可能错失那些当前值得进入的区域或城市，让竞争对手抢得先机。

### 2. 跳跃模式

跳跃模式是指连锁企业在当前值得进入的地区或竞争程度相对较低的区域分别开设店铺，即看准一个地方开一家，可以同时不断跳跃地在各区域开店。连锁企业采取这种方式扩张主要出于两种目的：一是希望占领某个大区域市场，先不计成本，不考虑一城一池的得失，而是着眼于整体网络的建设，对有较大发展前途的地区先入为主，抑制竞争对手的进入；二是希望避开强大的竞争对手，先求生存，后求发展。

跳跃模式的优势：一是抢先占领有较高价值的地点，取得先发优势；二是企业将门店开设在商业网点相对不足或竞争程度较低的地区，可以避开强大的竞争对手，迅速站稳脚跟。

跳跃模式的风险：一是不同地区市场的差异性较大，企业难以根据不同市场的需求选择适销对路的产品，因而在发展初期，难以有效整合企业的资源；二是如果门店之间跨度太大，企业物流配送跟不上，就难以满足各门店的配送需求，因此采取跳跃模式的连锁企业需要充分考虑物流配送的安排；三是由于区域跨度较大，如果企业没有相应的管理控制系统，则不利于树立统一形象；四是这种模式对门店管理人员的素质要求较高。

总之，在区域扩张模式的选择上，对于创建时间不太长的连锁企业，多数专家建议不要将战线拉得太长，以免顾此失彼。但上述两种区域扩张模式并不是完全排斥的，连锁企业也可根据自身条件设计适当的区域扩张战略，甚至可以将两者有效地结合起来。

**案例链接4.1**

#### 沃尔玛与家乐福——不同的扩张模式

1962年，当沃尔玛的第一家店在美国阿肯色州的一个小镇开业时，由于其位置偏僻，路途遥远，很少有供应商愿意为其送货，因此山姆·沃尔顿不得不在总部所在地——本顿维尔建立了第一家配送中心。显然，一家店不可能单独支撑起一个配送中心的运营成本，于是沃尔玛以该配送中心为核心，在一天车程，即周围500千米左右的范围内迅速开店。在获得成功后，沃尔玛迅速复制了该扩张模式。

与沃尔玛不同，另一艘世界零售航母——家乐福，选择的却是相反的扩张模式。家乐福的选址绝大部分都集中于上海、北京、天津及内陆各省会城市，为了弥补地域跨度较大的问题，家乐福强调“充分授权，以店长为核心”的运营模式。相应地，家乐福的商品配送也基本以供应商直送为主，这样做的好处主要有：第一，送货方便、快速。由于供应商多集中于同一城市，上午下订单下午商品就有可能送达，将商品缺货造成的失销成本大幅降低，同时减少了资金的占用并提高了商品陈列空间的利用效率。第二，便于逆向物流。商品的退、换货，是零售企业处理过时、过期等滞销商品的重要手段。如果零售商采用的是供应商直送的商品配送模式，那么零售商与供应商的联系与接触将非常频繁，商品退、换货处理也会非常迅速；但如果采用中央配送模式，那么逆向物流所经过的环节将大为增加，速度也会相对变缓。

## 二、区域扩张的路径

连锁企业网点扩张的路径主要有四种：自建、并购、加盟及合作。下面逐一分析每种路径的含义及优、劣势。

### 1. 自建

自建是指连锁企业借助自筹资金，对当地市场进行详细的商圈分析，对备选店址进行逐一分析，最终确立选址并开设新的门店，通过自身力量逐步拓展市场。

自建路径的优势：一是选址时对当地商圈进行了周密的调查分析，这对新店开业后的经营策略调整有很大的帮助；二是新开的门店从一开始就能按照企业统一的经营模式运行，迅速走上正轨；三是有利于企业的一体化管理，企业的经营理念和模式能够原汁原味地贯彻实施；四是有利于连锁企业树立良好的形象。

自建路径的风险：一是前期需要投入大量资金，企业必须有雄厚的资金支持，且对内部资源的应用要求较高；二是发展速度相对较慢，企业需要对新区域市场有一个了解和把握的过程，消费者也需要时间来接纳新的企业，因而初建的门店需要一个过渡期才能在市场中站稳。

### 2. 并购

并购是指连锁企业采取资本运营的方式，将当地现有企业的门店收购、兼并过来，再进行整合，使之能与本企业融为一体。并购是目前国内外比较流行的一种扩张方式，但并购不是对任何企业都适用，需要认识到其存在的较高风险。

并购路径的优势：一是通过并购，连锁企业可以共享市场资源，扩大顾客基础，增强讨价还价实力；二是容易进入一个新市场，因为并购过来的门店已经熟悉当地情况，或已累积了一定的无形资产，被当地消费者所接受；三是可以利用被并购企业的人力资源，如果运作较好，投资成本可以相对减少，扩张速度也会加快。

并购路径的风险：一是并购过来的门店其原有的组织结构、管理制度、企业文化等与母体企业相差较大，需要对其按母体企业的标准进行改造，有一个磨合阵痛期，这同样需要成本、管理精力和时间；二是寻找适合的被并购企业需要机会，这可能会贻误进入一个新市场的时机；三是并购本身以及整合被并购企业是一项比较复杂的工作，需要高超的专业知识和管理技术。

案例链接4.2

**广州便利店最大兼并——7-11收购快客**

2007年，广州便利店龙头7-11与上海联华快客便利有限公司就收购广州快客便利公司100%股权达成协议，一举收购了广州110家快客便利店，收购完成后，广州所有快客便利店更名为“7-11”。

据介绍，快客在2002年进入广州时，便计划在3年内开店300～500家，但由于选址难，广州街边夫妻店多等缘故，开店速度非常慢，只开出110多家门店。店铺数量不够，自然难以赢利。而当时入穗已满10年的7-11拥有181家分店，数量堪称广东第一。7-11需要在穗进一步扩张，快客则要集中力量做大长三角，于是二者一拍即合。全面收购快客以后，7-11广东便利店领导者的地位更加稳固。

### 3. 加盟

加盟其实就是特许连锁经营，是总部将自身所拥有的无形资产，包括注册商标、商号、专利、专有技术及成熟的经营管理模式等，许可加盟商使用，加盟商则需要按照合同的约定在总部的统一指导下从事经营活动，并缴纳一定的加盟费用。加盟是连锁企业一种低成本、高速度的扩张方式，但它需要一定的条件，也同样存在着一定的风险。

加盟路径的优势：一是节省大量的资金投入、人力资源和时间成本，迅速提高市场占有率，且风险较小；二是充分利用加盟商的地缘优势和经营积极性，成功率较高。

加盟路径的风险：一是加盟并不适合所有的连锁企业，它更适合于一些门面较小的商店，这使得该路径的扩张范围受到限制；二是管理特许门店的难度较大，加盟双方容易出现分歧，有可能影响商品和服务品质的整体划一及整体营销战略的实施；三是个别加盟店的行为或经营失败会对总部的品牌形象造成损害。

### 4. 合作

合作是指连锁企业与有意向的对象进行合作，包括引入战略投资伙伴共同开发新市场，与合作方结成联盟体，采取复合连锁方式进入新市场，向合作方输出管理和人才等方式。

合作路径的优势：一是利用合作伙伴的人力、财力、物力等资源，可以减轻总部压力；二是利用合作方的影响力，可以迅速占领市场；三是双方可以共享客户资源；四是相对于加盟路径而言，采用合作路径的连锁企业对新开门店的控制力较强，而且更为灵活，如店面招牌可以灵活处理，既可以打上连锁企业的商号，也可以采用双商号等。

合作路径的风险：一是合作伙伴有权利参与决策，连锁企业不能独立决策，这不利于统一管理；二是市场的开拓受到制约，不能按自己一贯的开店模式运作，时间和速度不能控制；三是合作路径不太稳定，容易导致合作失败或终止。

案例链接4.3

**麦当劳与中石化结成战略合作伙伴共谋发展**

2006年，麦当劳与中石化签约结为战略合作伙伴，以推动麦当劳在中国市场“得来速”汽车餐厅的发展。基于战略合作伙伴协议，麦当劳拥有优先选择中石化拥有的全国范围内的加油站、高速公路服务区及其他中国石化拥有的物业开设“得来速”汽车餐厅的权利。

“我们对借助中石化物业开设的‘得来速’业绩满意。”麦当劳方面表示，“得来速”是麦当劳未来在中国发展的业务重点之一。到2013年，“得来速”将占到麦当劳新开餐厅的一半比例。

资料来源：广东省食品安全网.

连锁企业四种扩张路径的特点比较如表4.1所示。

**表4.1　连锁企业四种扩张路径的特点比较**

| 路径／项目 | 自建 | 并购 | 加盟 | 合作 |
|---|---|---|---|---|
| 资金来源 | 总部 | 总部 | 加盟者 | 合作双方 |
| 管理统一性 | 高度统一 | 中度统一 | 高度统一 | 低度统一 |
| 扩张速度 | 慢 | 快 | 快 | 不定 |
| 操作难度 | 相对简单 | 难 | 较难 | 较难 |
| 稳定性 | 高 | 中 | 低 | 低 |
| 企业形象 | 一致 | 不太一致 | 一致 | 不一致 |
| 风险 | 高 | 高 | 低 | 低 |

# 单元二　连锁经营的商圈分析

## 一、商圈的概念

### 1. 商圈的定义

商圈，也称交易区域，是指以连锁门店所在地为中心，沿着一定的方向和距离扩展，吸引顾客的辐射范围。简单地说，商圈就是对顾客的吸引力所能达到的范围。

### 2. 商圈的构成

连锁门店的商圈一般由核心商圈、次级商圈和边缘商圈三部分构成，如图4.1所示。核心商圈，这是离门店最近，顾客密度最高的区域，通常核心商圈的顾客占到门店顾客总数的55%~70%，销售额占到70%左右；次级商圈，它是位于核心商圈之外，顾客密度较稀疏的区域，约提供门店 15%～25%的顾客和 25%的销售额；边缘商圈，它是位于次级商圈以外，顾客分布最稀疏，门店吸引力较弱的区域，规模较小的门店在此区域内几乎没有顾客。在实际操作中，商圈范围及形状常受各种因素的影响并非呈同心圆形，而表现为各种不规则点扩张与选址的多角形，其范围大小需要连锁企业认真划定。

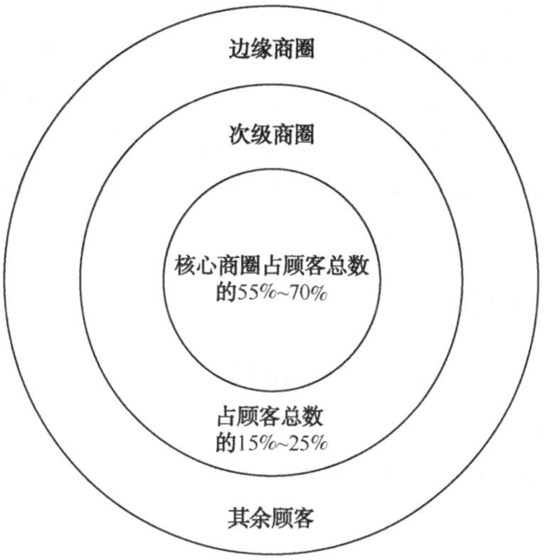


图 4.1　商圈构成图

### 3. 商圈的分类

根据所在区域的功能，可以将商圈划分为商业区、住宅区、文教区、办公区、工业区和混合区等类型。各商圈类型的含义和消费特征如表 4.2 所示。

**表 4.2　各商圈类型的含义和消费特征**

| 商圈类型 | 含　义 | 消费特征 |
|---|---|---|
| 商业区 | 商业集中的地区 | 商圈大、流动人口多、各种商店林立、繁华热闹；消费习性具有快速、流行、娱乐、冲动购买等特点；消费金额较高 |
| 住宅区 | 住户数量至少达 1 000 户以上 | 消费群稳定，讲究便利性、亲切感，家庭用品购买率较高 |
| 文教区 | 附近有一所或以上学校，其中以私立学校和补习班集中的区域较为理想 | 消费群以学生居多，消费金额不高，果汁类饮品等购买率高 |
| 办公区 | 办公大楼林立的地区 | 消费习性具有便利性等特点，在外就餐人数多，消费水平较高 |
| 工业区 | 工厂较为集中的地区 | 消费者一般为打工一族，消费水平较低，但消费总量较大 |
| 混合区 | 分为商住混合、住教混合、工商混合等 | 呈现混合类型的各自单一消费特征，属于多元化消费习性 |

## 二、商圈的调查与分析

对已开商店的商圈大小、形状和特征等可以较为精确地确定，如可以通过售后服务登记、顾客意向征询、赠券等形式收集有关顾客居住地点的资料，进而划定商圈。但对于一家尚未设立的连锁店铺而言，由于缺乏统计资料，必须在设定商圈时，针对设店地区居民的生活形态及关联性因素，配合流动人口的情形，深入探讨该地区人口集中的原因及其流动的范围，以此作为基本资料来划定商圈。其实一家大规模的连锁企业，其商圈不同于一般小型商店的徒步商圈，顾客很可能会利用各种交通工具前来，因此对于在设店地区内工作、学习的人员以及购物者的流动性、人口分布、公路建设、公共交通和城市规划等均要加以观察，并配合有关的调查资料，运用趋势分析以进行商圈的设定。

### 1. 商圈调查与分析的内容

商圈调查分析的内容主要由以下几部分组成。

（1）人口规模及特征。

包括人口总量和密度，总的可支配收入，人均可支配收入，年龄分布，职业分布，平均教育水平，人口变化趋势，拥有住房的居民百分比等。

（2）商店区位的可获得性。

包括商圈的类型，交通运输便利情况，交通联结情况，公交车站的情况，上下车乘客的数量和质量，自建与租借店铺的机会大小，租金物业成本，哪些位置适宜开店及哪些位置应该避免开店，城市规划，必要的停车条件等。

（3）经济情况。

包括主导产业，多元化程度，受经济和季节波动的影响情况，投资金额，成长性等。

（4）竞争情况。

包括现有竞争者的商业形式、位置、数量、规模、营业额、经营方针、经营商品和服务对象等，所有竞争者的优势与弱点分析，竞争的短期和长期变动，竞争饱和程度等。

（5）供货来源。

包括商圈的供应商情况，货品供货的时间，运输成本等。

（6）劳动力保障。

包括管理层的能力和工资水平，管理培训人员的能力和工资水平，普通员工的能力和工资水平等。

（7）促销。

包括媒体的可获得性与传达频率，成本与经费情况等。

（8）法规。

包括执照、营业限制、税收、最低工资和规划限制等。

案例链接4.4

**麦当劳的商圈调查**

麦当劳把在制定经营策略时确定商圈的方法称为绘制商圈地图，商圈地图的画法首先是要确定商圈范围。一般来说，商圈范围是以该餐厅为中心，以 1～2 千米为半径的区域。如果这个餐厅设有汽车走廊，则可以把半径延伸到 4 千米，然后把整个商圈分割为主商圈和副商圈。商圈范围一般不要越过公路、立交桥、地下道等，因为顾客不会越过这些阻隔到不方便的地方消费。商圈确定以后，麦当劳的市场分析专家便会开始分析商圈的特征，以制定公司的地区分布策略，即规划在哪些地方开设多少餐厅最适宜，从而达到通过消费导向去创造和满足消费需求的目标。因此，商圈特征调查必须详细统计和分析商圈内的人口特征、住宅特点、集会场所、交通和人流状况、消费倾向、同类商店的分布等，对商圈的优、缺点进行评估，并预计设店后的收入和支出，对可能的净利进行分析。

### 2. 商圈调查与分析的流程

商圈调查与分析的流程如图 4.2 所示。

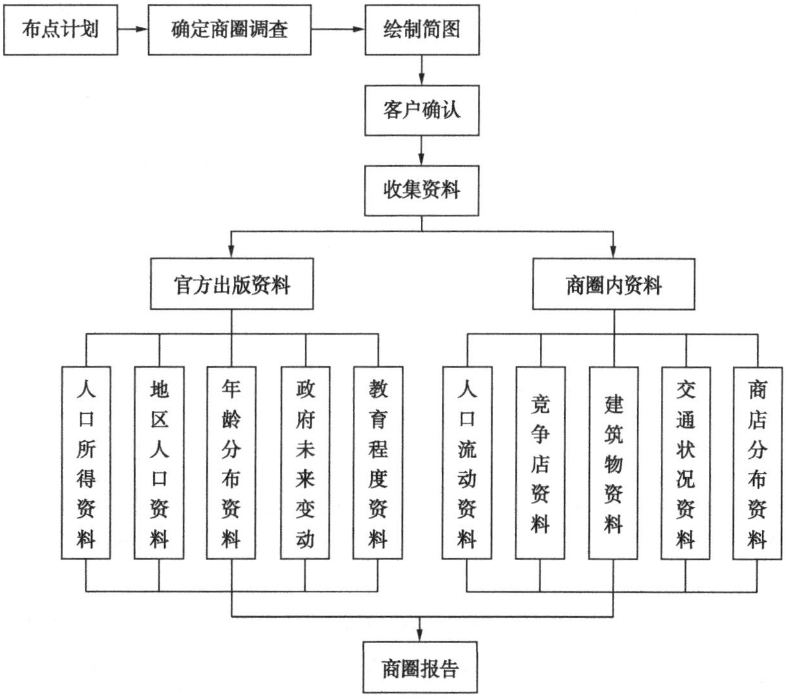


图 4.2　商圈调查与分析的流程

## 三、商圈划定的方法

在实际运作过程中，确定商圈的方法主要有以下几种。

### 1. 参照法

参照法是指参照某一类似的市场或地区已有店铺的商圈情况来确定目标商圈。在使用这种方法时，为了尽可能接近本店铺所在地区的实际情况，可根据参照市场或地区店铺在经营规模、经营特色、居民人口分布、城市建设、交通设施状况、商业布局等方面的差异，进行合理修正，以取得较为准确的目标商圈情况。

### 2. 独立调查法

（1）直接调查法。

直接调查法，即通过问卷调查，把握最远的且最愿意到预定地址购物的消费者信息，从而确定商圈。问卷调查的内容应该包括住地、来店频率、使用的交通工具等信息。

（2）间接调查法。

间接调查法，即采取间接调查方式获得商圈顾客信息及范围：一是发票法，即由发票的填写而得知顾客的地址；二是利用地产开发商信息法，即利用地产开发商已有的调查信息，对照目标顾客特征，确定商圈范围。

### 3. 经验法

根据以往经验来设定商圈，包括在以往经营过程中所获得的各种经验和经历。例如，便利品等购买频度较高的商品的商圈，一般为步行 10 分钟左右的距离。这些都是根据他人或自己过去的经验而得出的结论。在使用这种方法时，还应综合考虑地区性、社会性、自然条件等环境因素的影响。

（1）根据业态设定。

各种商业业态的商圈范围有较大的差异。百货商店、高级专卖店、购物中心等业态，商圈范围一般较大，如百货店的商圈人口一般在 30 万～100 万人；而超市则奉行“小商圈主义”，地处社区或居民区，商圈人口一般为 7 万～12 万人；以经营食品为主的超市商圈更小，商圈人口仅为 3.5 万～5 万人。调查表明，人们对肉、鱼、蔬菜、水果的经常性购物距离一般不足 2 千米，而对服装、化妆品、家具、耐用消费品等的购物距离一般为 4～5 千米。

（2）根据零售店所处位置设定。

同为超级市场，一般位于都市的超级市场商圈范围要远远小于位于城郊的。对于商业区的门店来说，核心商圈、次级商圈和边缘商圈的顾客都较多，商圈范围较大；但对于居民区的门店来说，社区型超市的商圈仅为社区范围，便利店则没有边缘商圈的顾客。

（3）根据零售店市场规模设定。

一般零售门店的规模越大，商圈范围就越大，反之则越小。除了不同业态造成零售店的经营规模不同、商圈范围不同之外，同一业态由于规模的不同，商圈的范围也不相同。

以超市为例，根据调查显示，一般超市规模与商圈范围的关系如表 4.3 所示。

**表 4.3 超市规模与商圈范围关系**

| 规　模 | 面积（平方米） | 商 圈 范 围 |
| --- | --- | --- |
| 小型超市 | 120～400 | 步行 10 分钟之内 |
| 中型超市 | 400～2 500 | 步行 10 分钟或开车 5 分钟 |
| 大型超市 | >2 500 | 开车 20 分钟左右 |

（4）根据顾客购买频率设定。

一般来说，顾客购买的频率越高，商圈范围越小，反之则越大。例如，食品、日用品的购买频率较高，出行的范围较近；而耐用品购买频率较低，人们购买出行的距离较远。以超市为例，一般顾客购买频率与超市商圈范围关系如表 4.4 所示。

**表 4.4 顾客购买频率与超市商圈范围关系**

| 位　置 | 购 买 频 率 | | |
| --- | --- | --- | --- |
| | 每　天 | 每周 3～4 次 | 每周 1次 |
| 都市超市范围 | 300 米 | 500 米 | 700～800 米 |
| 郊区超市范围 | 500 米 | 700～800 米 | 1 500 米 |

（5）根据顾客购物出行方式设定。

人们购物出行的方式不同，零售店的商圈范围也不同。出行方式的现代化程度越高，商圈范围越大，反之则越小。以日本的超级市场为例，出行方式与商圈范围关系如表 4.5 所示。

**表 4.5 日本超市出行方式与商圈范围关系**

| 位　置 | 徒步商圈范围 | 自行车商圈范围 | 小汽车商圈范围 |
| --- | --- | --- | --- |
| 都　市 | 300～500 米 | 700～800 米 | — |
| 郊　区 | 500 米 | 1 500 米 | 3 000 米 |

# 单元三　连锁企业的选址评估

## 一、门店选址的程序

连锁企业的店址选择，是综合考虑各种影响因素的结果，要使选址在各个方面都令人满意，在客观上往往不容易办到，因此选择适合的区域及地点，要在对各种因素的利弊做出平衡后才可确定。店铺开发的店址选择需要经过以下程序，如图 4.3 所示。

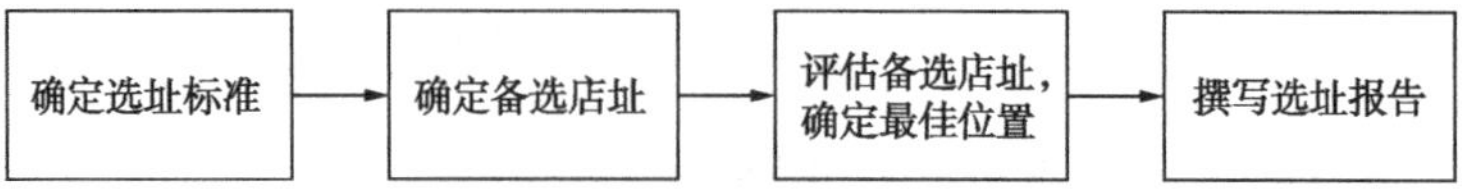


图 4.3　店址选择的程序

### 1. 确定选址标准

确定选址的前提条件，综合考虑各种相关因素，制定企业店址选择的标准。例如，连锁超市的选址标准一般包括店铺开发方针、人口与家庭因素、商业状况、道路与地形、住宅区情况、城市规划、城市总体状况等。

**案例链接 4.5**

**7-11 便利店的选址攻略**

（1）在店址的选择上，7-11 考虑的一个基本出发点是便捷。从大的方面来说，就是要在消费者日常生活的行动范围内开设店铺，如距离居民生活区较近的地方，上班或上学的途中，停车场附近，办公区或学校附近等。

（2）7-11 还发现，在有红绿灯的地方，越过红绿灯的位置是最佳的，因为这个位置不但使顾客容易进入，而且也不会造成店铺门口拥挤堵塞的现象。

（3）在有车站的地方，车站下方的位置相较于车站对面的位置要好，因为在下车的位置购物，顾客就省去了过马路的麻烦。

（4）在有斜坡的时候，行人的速度一般比较快，如果店铺开在下坡的位置上，就容易被顾客所忽略。

（5）同时，在居民住宅区设立店铺时，应尽量避免在道路狭窄的地方、停车场小或建筑物过于狭长的地方开店。

### 2. 确定备选店址

备选店址的初步确定有两种基本思路。一是以目标顾客为中心，设想其可能的去处，往往可以发现经营成功的契机。依据目标顾客的需要进行划分，一个城市里可供选择的区域就可以大大缩小。二是可以根据房地产开发商的产品定位，识别其目标顾客群，再决定自己是否适合在此开店。

在完成初步构思后，结合实地考察，绘制出上述重心区域的简图，在图上标明可开店位置、朝向、互补店、竞争店、主要商事机构、人流汇集走向、交通要道、居民区等相关因素。信息越多，越利于店址选择。然后挑选对本企业而言，最重要的几大因素进行比较，选出拟开门店核心商业圈所在的位置，这显然是一个“缩小包围圈”的过程。

### 3. 评估备选店址，确定最佳位置

在上述备选店址、商圈区域内，采取适宜的选址评估方法，包括多因素分析法、效益评估法、比较评估法、关键指标评估法等，或者综合运用多种评估方法，结合进一步的实

地考察，从而确定拟开店铺的最佳位置。

### 4. 撰写选址报告

当选址人员确定一个适合的店址后，需要做一份详细的选址分析报告，以供决策层审核。新店选址分析报告的主要内容包括：新店周围地理位置特征描述（附图说明）；新店开业后预计可辐射的范围（商圈大小）；新店商圈内居民及流动人口消费结构和层次；新店商圈内商业环境和竞争情况；新店交通便利情况；新店物业情况；新店投资效益分析；新店开业后商品结构和经营特色建议；新店开业后风险分析及防范；新店未来前景分析等。

## 二、选址评估的方法

### 1. 多因素分析法

多因素分析法是一个优化决策问题。首先确定影响门店位置的各种因素及其重要程度，然后对各个备选店址进行评分，最后确定最佳店址。影响门店选址的主要因素有 14 项，对每个备选店址的各项因素进行评分，并计算最终得分。选址评估的多因素分析法如表 4.6 所示。

**表 4.6　选址评估的多因素分析法**

| 选址因素 | 权重 | 预选店址得分 | | | 权重×预选店址得分 | | |
|---|---|---|---|---|---|---|---|
| | | 店址 1 | 店址 2 | 店址 3 | 店址 1 | 店址 2 | 店址 3 |
| 商圈人口多 | 5 | 8 | 7 | 9 | 40 | 35 | 45 |
| 商圈收入高 | 5 | 5 | 7 | 6 | 25 | 35 | 30 |
| 接近目标顾客 | 5 | 6 | 5 | 6 | 30 | 25 | 30 |
| 机动车流大 | 3 | 7 | 8 | 7 | 21 | 24 | 21 |
| 非机动车流大 | 3 | 5 | 5 | 6 | 15 | 15 | 18 |
| 行人流量大 | 5 | 5 | 6 | 6 | 25 | 30 | 30 |
| 与邻店关系融洽 | 2 | −4 | 3 | 4 | −8 | 6 | 8 |
| 物业费低 | 4 | 6 | 5 | −3 | 24 | 20 | −12 |
| 广告费低 | 2 | 5 | 6 | 3 | 10 | 12 | 6 |
| 商店能见度高 | 3 | 3 | 5 | 5 | 9 | 15 | 15 |
| 营业面积合适 | 3 | 4 | −2 | 6 | 12 | −6 | 18 |
| 店面可扩充 | 2 | −6 | −2 | −2 | −12 | −4 | −4 |
| 停车位充足 | 3 | −5 | 3 | 6 | −15 | 9 | 18 |
| 与开发商关系融洽 | 2 | 7 | 5 | 4 | 14 | 10 | 8 |
| 合计 | — | — | — | — | 190 | 226 | 231 |

注：每一因素按重要程度分为 5 个等级（权重），每个地址各因素评分分布在−10～10 的区间内。

从各种因素来综合考虑，店址 3 计算得分最高，因而可以作为最优店址。需要说明的是，不同业态类型和业务类型的门店，选址的影响因素及权重是不一样的，这需要根据过去的选址经验进行判断。

### 2. 效益评估法

效益评估法是指根据拟开门店的预计经济效益来评估备选店址，通常计算出拟开门店的投资费用和营业潜力，再通过计算相关指标，如投资利润率、投资回收期、销售利润率等确定店址的价值。

（1）拟开门店的营业潜力。

拟开门店的营业潜力可以通过预测门店的销售额来确定，一般根据过去在类似环境中的经验，同行业一般水平或者调查、统计和分析等来计算。有一种简单易行的测算方式是根据拟开门店所处商圈内的消费者户数、离商店的远近、每月商品购买支出比重，以及新商店在该区域内的市场占有率等因素来估算。下面举例说明商店销售额的估算。

例如，新开超级市场的商圈有三个层次：第一层次核心商圈内的居民户数为 2 000 户，第二层次次级商圈内的居民户数为 4 000 户，第三层次边缘商圈内的居民户数为 6 000 户。若平均每户居民每月去商店购买商品和日用品的总花费为 500 元，则：

核心商圈居民支出总额=500×2 000=100（万元）

次级商圈居民支出总额=500×4 000=200（万元）

边缘商圈居民支出总额=500×6 000=300（万元）

据调查分析，新开超级市场在三个层次区域的市场占有率分别为 30%、10%和 5%，则：

核心商圈购买力=100×30%=30（万元）

次级商圈购买力=200×10%=20（万元）

边缘商圈购买力=300×5%=15（万元）

故该新店营业潜力估算额=30+20+15=65（万元）

（2）开店投资与经营费用测算。

通过商圈调查可以估算新店的营业额，但该店址是否值得经营，还必须与其前期投资成本和日后经营费用等联系起来考虑。

开店前期投资预估。开店投资主要包括：第一，设备，如冷冻/冷藏设备、空调设备、收银系统、水电设备、车辆、后场办公设备、内仓设备、卖场陈列设备等；第二，工程，如内外招牌、空调工程、水电工程、冷冻/冷藏工程、保安工程等。连锁总部应事先确定工程投资项目、供应厂商及金额。另外，如果物业是自己投资建造的，这笔建筑费用当然也要考虑在前期总投入中。

开店后的经营费用预估。经营费用可以分为固定费用和变动费用两类。固定费用是指与销售额的变动没有直接关系的费用支出，如基本工资、福利费、折旧费、水电费、管理费等；变动费用是指随销售额而变化的费用，如运杂费、保管费、包装费、商品损耗、借款利息、保险费、营业税等。总之，对上述费用控制的基本要求是毛利率大于费用率。

### 3. 比较评估法

比较评估法，又叫类比法，是将备选门店的各种因素与参考门店进行比较而得出相应结论的评估方法。采用比较评估法的步骤如下：

（1）在已开设的门店中，确定一家在门店规模、商圈大小、人口统计特点、竞争状况、商品规划和价格水平等方面与拟开门店比较接近的门店，作为参考标准；

（2）把参考门店的商圈范围划分为几大区域；

（3）用商店内部数据或客户调查情况等估算各区域的销售额；

（4）用各区域的估算销售额除以其人口数量，计算出各区域的人均支出额；

（5）用参考门店的人均支出估算值乘以拟开门店各区域的人口总数，估算拟开门店的销售额；

（6）考虑拟开门店的具体因素，上调或下调估算销售额；

（7）调整后的销售额与拟开门店的投资费用及经营成本等进行比较，计算投资回收期。

比较评估法的优势是基于实际门店来估算拟开门店的经营效益，数据是内部的，采用相对容易。但这种方法对参考门店的选择非常关键，直接关系到预测数据的准确性。选择参考门店时，难免会带有一些主观因素，因而有些企业选择不止一家参考门店，并取其平均估算值，虽然这会使工作量大大增加，但可以减少主观因素的影响。

### 4. 关键指标评估法

关键指标评估法是指连锁企业采取几个关键指标，通过计算拟开门店的指标数据来评估该门店的价值。常用的关键指标有选址比率和截流率等，这里介绍选址比率指标的运用。选址比率的计算公式为：

选址比率=销售额/成本

一般情况下，选址比率必须大于或等于 1，该门店才具有开店价值。当然，理想的比率要大于 1，最好能达到 1.5。如果新店址的选址比率小于 1，根据经验，这个店址目前的开店风险较大。当然，这并不意味着它未来几年的发展前景不好，具体情况需要从战略高度进一步分析。另外，选址比率会因为连锁企业的业务性质不同而不同，且带有一定程度的经验性，但它的指导意义不容忽视。

总之，上述方法有些估算准确，但所需费用较高或时间较长；有些操作简易，但数据比较粗略。因此，评估备选店址没有最佳方法，采用何种方法取决于企业可得信息、花费的时间和资金，以及选址人员的经验等。有条件的企业应将多种方法综合运用，通过比较不同的预测数据来降低商店选址的风险。

## 复习思考题

1．连锁企业区域扩张的两种具体模式各有什么优势和风险，各适用于什么情况？

2．连锁企业四种扩张路径各有什么优势和风险？

3．商圈是什么？商圈有哪些类型？
4．阐述影响商圈调查与分析的主要内容。
5．划定连锁门店商圈的主要方法有哪些？
6．连锁企业选址包括哪几个步骤？
7．连锁企业确定备选店址和评估备选店址主要有哪些方法？
8．商店选址分析报告包括哪些具体内容？

## 案例分析

### 肯德基——第一店址怎么选

1986 年 9 月下旬，肯德基快餐店开始考虑进入中国市场。他们面临的首要问题是：第一家肯德基店址应当选在何处？这一决策对将来肯德基在中国市场的进一步开拓至关重要。有三个城市可供选择：上海、广州和北京。

上海，是当时中国最大的市场，有 1 100 多万居民、19 000 多家工厂和中国最繁忙的港口。上海是中国最繁荣的商业中心，其优越的经济地位在国内显而易见。上海的明显优势是在这里容易获得合乎质量的充足的肉鸡供应。通过兴办合资企业，泰国正大集团已经在东南亚地区建立了 10 个家禽饲养基地和饲料厂，可以为上海供应肉鸡。肯德基的东南亚办公室与正大集团有着良好的关系。虽然上海一向是主要的商业中心，但改革开放初人民收入水平增长不快，能否迅速接受西方快餐文化还是个疑问。此外，它的噪声和污染令旅游者感到沮丧，西方游客不多。

广州，是可供选择的另一个方案。它位于中国东南部，离香港很近，作为中国 14 个沿海开放城市之一，在批准外资项目、减免税收和鼓励技术开发等方面被赋予更多的自主权，而且广州人的收入水平那些年增长很快。广州既是西方商人经常光顾的地方，也是当时大多数旅游者出发进行香港一日游的好地方。广州与香港相距大约 200 千米，公路、铁路都很便利。在广州开店，很容易得到肯德基香港办公室的支援。另外，广州和香港同样说粤语，地域差别不大，而且初步调查表明，找到一个充分供应肉鸡的来源也没有什么困难。

北京，是中国的政治文化中心，当时有 900 万居民，人口数量仅次于上海。北京的外来人口数量众多，有潜在的消费群体。北京也是中国的教育中心，是高等学府的聚集地。北京是那些向往故宫、长城、十三陵的西方游客的必经之地，这意味着肯德基将有稳定的外汇收入。因此，如果从北京做起，无疑将更吸引人们的注意力，并且会不言而喻地表明政府的赞同态度，这将有助于今后往其他城市的进一步发展。调查也表明，北京城郊有好几个家禽饲养基地。然而从政治方面来看，外商在北京经营更容易招致政府的直接干预。

资料来源：肖怡．企业连锁经营与管理．大连：东北财经大学出版社，2009.

**思考题**

1．肯德基在中国选择第一家店址时主要考虑了哪些因素？

2．如果你是肯德基的决策者，你会选择哪个城市作为首次进入的目标，为什么？

## 实训项目

1．通过互联网查找一些连锁企业的具体选址要求，分析这些选址要求与其业务特点有什么联系。

2．以小组为单位，选择一家连锁企业，假设该企业将在你所在的地区开设一家分店，请为该企业进行商圈分析，最后运用所学的方法进行具体选址。

# 模块五 连锁企业的营销管理

【引导案例】

**麦德龙在中国率先引入仓储式会员店**

德国麦德龙集团有多种经营业态，如百货商场、大型超市、超级市场、仓储式会员店、大型装饰建材商场、专业店等。在正式进入中国市场之前，麦德龙集团进行了长达 6 年的市场调研，最终决定率先引入仓储式会员店。这种业态的主要顾客是小型零售商，他们对采购的要求是数量少、品种多，需要以有限的资金形成较丰富的商品结构，目前中国还较缺乏能够满足这种需求的批零机构。据统计，在上海地区的商业系统中，员工在 100 人以下的企业占 97%，资金在 100 万元以下的企业占 92.5%，市场潜力很大，具备实行低成本集聚战略的市场条件，但中国大量的个人消费者也成为其重要的目标顾客。

【学习要点】

- 了解连锁企业的目标市场和市场定位；
- 掌握连锁企业商品分类的标准；
- 掌握连锁企业商品组合的方法；
- 了解连锁企业定价的步骤和方法；
- 了解连锁企业促销的目标和要求；
- 熟悉 POP 广告的使用，掌握销售促进的方法；
- 掌握门店促销活动的实施过程。

【职业指导】

- 通过本模块的学习，能够结合连锁企业的实际情况，正确进行企业和产品的定位；
- 能够结合市场需求和商品特性，科学进行商品分类和组合；

- 熟悉价格制定的过程，能够运用定价理论为连锁企业制定价格，并能根据竞争对手的价格变化来调整本企业价格；
- 能够运用相关知识和技能进行门店促销方案的制定，合理选择具体的促销方式，并对促销效果进行评估。

# 单元一 连锁企业的目标市场与市场定位

市场营销是创造、沟通、传送价值给顾客，并且经营顾客关系，以便让组织与其利益关系人受益的一种社会活动和管理过程。连锁企业的营销活动需要识别顾客的需求与欲望，确定连锁企业所能提供的最佳服务的目标市场，并且设计适当的产品、服务和计划方案以满足这些市场需要。连锁企业营销活动的任务还包括与重要的客户建立起特定的价值倾向关系，使顾客满意，同时获取利润。在新的历史条件下，连锁企业的营销策略必须要满足以顾客需求为中心的市场经济的要求。

## 一、连锁企业的目标市场分析与选定

为了适应经济的快速发展、“买方市场”的形成、商品的极大丰富及消费需求的差异化，连锁企业必须以市场为导向，围绕消费需求的变化和特点选择相应的目标市场。连锁企业目标市场的分析与选定需要经过两个步骤：一是市场细分，二是目标市场选择。

### 1. 连锁企业的市场细分

市场细分是企业根据消费者需求的不同，将整个市场划分为不同的消费者群体的过程。市场细分的客观基础是消费者需求的异质性，也就是说在异质市场中存在着需求一致的顾客群，其实质就是在异质市场中求同质。市场细分的目标是聚合，即在需求不同的市场中把需求相同的消费者聚合到一起。一般来说，我们可以按地理、人口、心理、行为等变量来对消费者市场进行细分和评估，连锁企业的市场细分同样依据这些变量，如表 5.1 所示。

表 5.1 市场细分变量

| 细分标准 | 影响因素 |
|---|---|
| 地理因素 | 国界、区域、地形、气候、城乡、人口密度、交通条件等 |
| 人口因素 | 年龄、性别、收入、职业、教育、家庭人数、家庭生命周期、种族、民族、宗教、社会阶层等 |
| 心理因素 | 生活方式、性格、价值观念等 |
| 行为因素 | 追求利益、使用者地位、购买频率、使用频率、品牌忠诚度、对产品的信赖度、价格敏感度、广告敏感度、服务敏感度等 |

### 2. 连锁企业的目标市场选择

目标市场就是企业期望并有能力占领和开拓，为企业带来最佳营销机会与最大经济效益的，具有大体相近需求，企业决定以相应的商品和服务去满足其需求并为其服务的消费者群体。简单地说，选择目标市场，就是企业在市场细分之后的若干“子市场”中，运用营销活动之“矢”瞄准市场方向之“的”的优选过程。在选择目标市场策略时，连锁企业一般有五种可以参考的模式。

（1）市场集中化。

企业选择一个细分市场，集中力量为之服务。集中营销使企业深刻地了解该细分市场的需求特点，采用营销组合策略，从而获得强有力的市场地位和良好的声誉，但该模式也隐含着较大的经营风险。这种模式一般为一些较小的企业所选择，专门填补市场的某一部分。

**案例链接5.1**

### 美国Lee牌牛仔裤——选择正在扩大的目标市场

美国 Lee 牌牛仔裤始终把目标市场对准占人口比例较大的那部分在“婴儿高峰期”出生的消费者群体，从而成功地扩大了该品牌的市场占有率。在 20 世纪六七十年代，Lee 牌牛仔裤以 15～24 岁的小青年为目标市场，因为这个年龄段的人正是在“婴儿高峰期”出生的，在整个人口中占有相当大的比例。可是，到了 20 世纪 80 年代初，昔日“婴儿高峰期”的小青年已经步入中青年阶段，而新一代小青年在人口数量上已大大少于昔日小青年。为了提高市场占有率，在 20 世纪 80 年代末，Lee 牌牛仔裤将其目标对准 25～44 岁年龄段的消费者群体，即仍是“婴儿高峰期”一代。为适应这一目标市场的变化，厂商只是将原有产品略加改进，使其正好适合中青年消费者的体形。结果，20 世纪 90 年代初，该品牌牛仔裤在中青年市场上的份额上升了 20%，销售量增长了 17%。

（2）产品或服务专门化。

它指的是企业集中生产一种产品，并向所有顾客销售这种产品，如各种美容美发连锁店、洗衣连锁店、房产连锁中介等。产品或服务专门化可以帮助企业在所服务的产品门类里树立很高的声誉，对于连锁企业实现规模扩张具有重要意义，但一旦出现其他品牌的替代品或消费者流行偏好的转移，企业将面临比较大的威胁。

（3）市场专门化。

它指的是企业专门服务于某一特定顾客群，尽力满足他们的各种需求，如针对糖尿病人的食品连锁店，针对养宠物人士的宠物用品连锁店等。市场专门化可以使企业在所服务的顾客群中建立良好的忠诚度，但一旦这个顾客群的需求潜量和特点发生变化，企业仍须承担较大的风险。

**案例链接5.2**

### 日本的老年人便利店

便利店的顾客群通常为二三十岁的年轻人，由于目标消费群相近，便利店之间的竞争日益激烈，而日本冈崎的便利店经营商却另辟蹊径，开设了第一批专为老年人服务的便利店。在这些便利店中，有专门为老年人设计的休息空间，放有桌子、液晶电视和按摩椅等。老年人在购物之余，可以在此处自由地吃东西、聊天。为了方便老人，货架之间的空间更大，方便老人推购物车行走，而且所有的价格标签都是大号的，以便于老人辨认，同时还配备有血压计等。这种便利店大受欢迎，营业额也增长了50%以上。

（4）有选择的专门化。

它指的是企业选择若干细分市场，每一个细分市场都拥有良好的赢利潜力或结构吸引力，但各个细分市场之间可能很少或根本没有任何联系。这种策略的优点是可以分散企业的经营风险，即使其中某个细分市场赢利不佳，仍可在其他细分市场中获利。

（5）市场全面化。

它指的是企业提供多种产品与服务去满足各种消费者群体的需要。这种模式对企业的营销能力、资源承受力、管理水平、市场信誉度等要求很高，一般来说只有实力雄厚的大型企业才会选取。例如，可口可乐公司在饮料市场中开发众多产品，满足各种消费需求。

## 二、连锁企业的市场定位

市场定位是企业及产品确定在目标市场上所处的位置。连锁企业的市场定位一般包括两个方面：一是连锁企业整体的市场定位，二是连锁企业产品或服务的市场定位。

### 1. 连锁企业整体的市场定位

对连锁企业而言，市场定位就是根据企业与竞争对手在现有产品市场上的对比，为本企业塑造与众不同的、鲜明的形象，并将这种形象生动地传递给顾客的过程。具体地，连锁企业的市场定位包括：一是连锁企业的行业印象，即在本行业内，企业的排位如何，是领跑者、竞争者，还是跟随者；二是连锁企业在消费者心目中的位置，即能否向消费者准确传递企业预先设定的形象定位，消费者对企业的认识一般包括企业在国际国内市场的地位、企业在行业内的地位、企业的规模、企业的管理及服务水平、企业商品满足消费者需求的程度等。

**案例链接5.3**

**安踏——牢牢定位于大众**

针对消费体育用品的人群越来越多的现象，安踏特别强调产品的性价比，将市场牢牢定位于大众。对此，安踏副总裁张涛说："中国是一个广大的市场，我们必须先把金字塔塔基盖好，因为这是我们的用户基础。安踏很早就意识到要抓住最大的消费群。"基于大众的定位，安踏把三四线市场耕耘得很好。但是，近几年随着阿迪达斯、耐克等的渠道下沉，安踏如何保持自己的竞争优势？张涛认为，只能更好、更深入地了解安踏的主要客户群体，看他们的消费观念发生了什么变化，对产品有什么要求。"我们的运营效率可能跟人家相仿，但我们的运营成本一定比国际一流公司低。费德勒、刘翔等大牌代言人都不便宜，代言的品牌宣传费用也非常高。我们要贴近市场，根据以往的经验以及高效率、低成本优势，更好地满足三四线市场的消费需求，据此调整运营策略，提升终端的健康度。”

资料来源：中华品牌管理网.

### 2. 连锁企业产品或服务的市场定位

连锁企业产品或服务的市场定位，就是企业根据消费者对产品某一属性或特性的重视程度，为本企业设计具有针对性的产品或服务的过程。产品或服务的定位是否准确，直接关系到营销的成败。尤其是在竞争比较激烈的市场上，准确定位几乎成为产品或服务能否为更多消费者所接受，企业能否击败竞争对手的关键问题。

# 单元二　连锁企业的商品管理

产品是营销活动中不可缺少的重要元素，也是传统营销组合策略中的重要组成部分。连锁企业的商品选择是否正确，设计是否合理，更新是否适应市场需要等，都直接影响着连锁企业的持续竞争力。

## 一、商品的分类

商品的种类繁多，为了便于其流通和购买，须对众多商品进行科学分类。按照不同标准，分类方法也不相同，这里主要介绍按商品层级、按商品群和按购买习惯这三种分类。

### 1. 按商品层级分类

层级分类法的一般表现形式是大分类、中分类、小分类和单品等。

（1）大分类。

通常按商品的特性来划分，如生产来源、生产方式、处理方式、保存方式等，将类似的一大群商品集合起来作为一个大分类。例如，生鲜食品是一个大分类，属于这个分类的商品一般未经烹调、制作（面包和熟食等除外）等深加工过程，只做必要保鲜和简单整理即可上架出售，它们的生产方式、处理方式（如包装）、保存方式等基本相同，在消费习惯上也有很大的关联性。

（2）中分类。

中分类又可按商品功能、制造方法和产地等来划分。按功能或用途划分，例如，在糖果饼干这个大分类中，可以划分出一个“早餐”的中分类，依据的就是与早餐这一功能及用途相关联的概念，这个中分类包括的商品有面包、吐司、麦片、果酱、花生酱等；某些商品难以按功能来划分，此时可以以制造方法近似地来划分，例如，“加工肉类”这一中分类，当中包括了火腿、香肠、炸鸡块、熏肉、腊肉等，它们的功能虽不尽相同，但在制造上近似；按产地划分，例如，“进口食品”这个中分类，把属于国外产的食品都收集在这一个中分类中，这种情况一般是企业希望突出某些商品的特性，或必须特别加以管理。

（3）小分类。

小分类又可按功能用途、规格和包装、成分、口味等来划分。按功能用途划分，与中分类的原理相同，但分类更细；按规格、包装划分，如利乐枕饮料、碗装速食面、5 千克装大米等；按成分划分，如 100%果汁等；按口味划分，如牛肉口味方便面等。

（4）单品。

单品是商品分类中不能进一步细分的、完整独立的商品品项，如 1.25 升瓶装可口可乐。

一般来说，整个门店的商品会分为几个大类，大分类由数个中分类组成，中分类又由数个小分类组成，小分类则由几十个甚至几百个单品组成。商品分类的层次关系如图 5.1 所示。

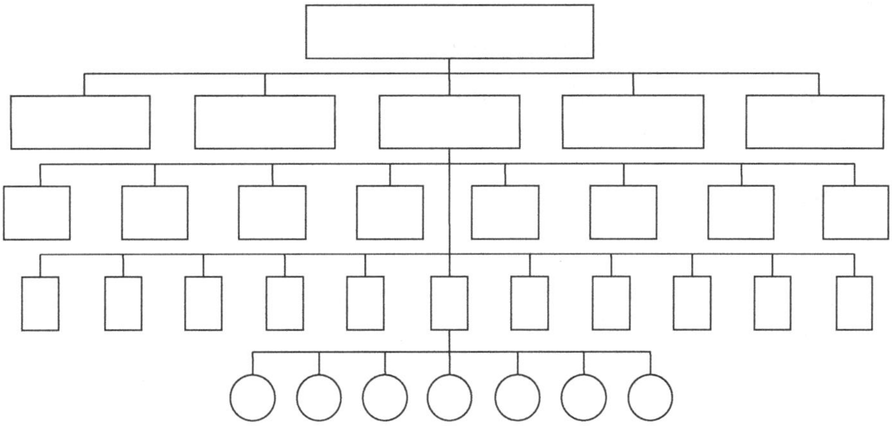


图 5.1　商品分类的层次关系

**案例链接 5.4**

### 某连锁便利店的商品分类

（1）快速食品。包括风味小吃、其他即食料理、冷饮、热饮。

（2）零食。包括糖果、饼干、蜜饯、干果、膨化食品。

（3）烟酒饮品。包括国产低度酒、国产高度酒、洋酒、果酒、啤酒；国烟、洋烟；碳酸饮料、果蔬饮品、茶及咖啡饮料、饮用水、功能营养及其他饮料、非冷藏乳制品。

（4）用品类。包括洗护类、美妆类、家庭清洁用品、家居用品、针棉制品、消耗用品。

（5）调理食材及冲调。包括粮油类、干货类、各类作料调配品、方便食品、酱菜、罐头、冲调类、礼盒、保健品。

（6）冷冻、冷藏、日配类。包括冷冻食品、冷冻水产畜产、冷藏水产畜产、果蔬类、熟食配菜类、面制类及点心、冰品、冷藏乳制品及饮品。

（7）文娱、服务类。包括医药及卫生用品、文具、玩具、音像制品类、杂志及报纸、电子及储运服务、代收及代订服务。

### 2. 按商品群分类

（1）主力商品。

主力商品是指其完成的销售量或销售金额在门店销售业绩中占举足轻重地位的商品，一般包括感觉性商品、季节性商品和选购性商品等。

（2）辅助商品。

辅助商品是与主力商品具有相关性的商品，其特点是销售力方面比较好，一般包括价廉物美的商品、常备性商品和日用品等。

（3）关联商品。

关联商品是易于购买的目的性商品，包括顾客易接受商品、安全性商品和常用商品等。

（4）刺激性商品。

刺激性商品可以刺激顾客的购买欲望。在上述三类商品中，选出重点商品，必要时挑出某些单品来，以主题系列的方式，在门店显眼的地方大量陈列出来，借以带动整体销售效果。刺激性商品一般包括战略商品、开发商品和特选商品等。

### 3. 按购买习惯分类

（1）日用品。

日用品是指消费者购买频繁，希望有需要即可购买，只花最少时间和精力去比较品牌、价格的消费品。一般来说，日用品都是非耐用品，且多为日常生活的必需品。由于消费者对日用品的品牌、价格、质量和出售地等都很熟悉，故购买时可以花费较少的时间与精力。

（2）选购品。

选购品是指消费者会仔细比较其适用性、质量、价格和式样，购买频率较低的消费品。一般在购买选购品之前，消费者会花大量时间和精力来收集信息并加以比较。

（3）特殊品。

特殊品是指消费者愿意花特殊的精力去购买的，有特殊性质或品牌识别的消费品，如定制西服、限量商品等。

（4）非必需品。

非必需品是指消费者不知道，或者知道但是通常并不想购买的消费品。绝大多数新产品都是非必需品，直到消费者通过广告认识它们为止。非必需品的性质，决定了企业须加强广告、直销和其他营销努力，使消费者对这些物品有所了解，产生购买欲望。

## 二、商品的组合

商品的组合也称商品的经营结构，简单来说，商品组合就是连锁企业针对同类商品或不同类商品，依据某种规格式样所采取的销售组合或搭配模式。商品组合一般由若干商品系列组成，而商品系列又由若干产品项目组成，这种组成具有一定的规律性。

商品组合是商品经营分类上的一个概念，可以是商品结构中的大分类、中分类或小分类，也可以是一种新的组合。顾客对连锁企业的印象或偏好，不是来自于所有商品，而是来自于某个商品群，所以应该把商品群提升到经营和战略地位的高度。连锁企业要根据消费者需求的变化，组合成有创意的商品群，这种商品群甚至可以打破原有的商品分类，成为新的商品部门。一般可采用的商品群组合方法有以下几种。

#### 1. 季节组合法

例如，在夏季，可以对杀灭蚊虫的商品进行组合，辟出一个区域设立专柜销售；在冬季，可以组合滋补商品群或火锅料理商品群；而在旅游季节，可以推出旅游食品和用品的商品群等。

#### 2. 节庆日组合法

例如，在中秋节组合各式月饼的商品群；在重阳节推出老年人用品和补品的商品群；也可以根据每个节庆日的特点，组合适用于送礼的礼品商品群等。

#### 3. 消费便利性组合法

根据城市居民生活节奏加快、追求便利性的特点，可推出微波炉食品系列、成品菜系列、熟肉制品系列等商品群，并设立专柜供应。

**案例链接 5.5**

**便利性——7-11 便利店的核心原则**

7-11 便利店以“为顾客提供方便”为原则设立便利店，组织商品，甚至按照顾客的特定需求，以零售商的名义将触角伸展到生产领域，组织特定商品的生产。为此，7-11 便利店网罗了一大批生产商、原料供应商和专业物流商及服务商，为顾客提供便利性的商品和服务。

在日本和我国台湾地区，每家 7-11 便利店都为所在社区或邻近地区提供定制的产品和服务，商品组合的原则就是“都是消费者每日生活所需的，使消费者产生每样都想买的冲动”。除了提供新鲜的饭团、各种奶制品、热咖啡、自助冷饮等食品外，7-11 便利店还利用自己遍布各地的连锁网络和 24 小时营业的优势，提供代缴水电费、代收干洗衣物、代订鲜花、代收信件服务，以及各种票务、送货上门、旅馆预约服务等。

7-11 在每家便利店都设立了 ATM 自动提款机，在美国建立了最大的零售商 ATM 网络；它还代办培训报名和代订考试教材等，有些便利店甚至能够提供小额的贷款服务。

#### 4. 商品用途组合法

在家庭生活中，许多用品在超市中分属于不同的部门和类别，但在使用中往往没有这种区分，如厨房用品、卫生间用品等，可以用新的组合方式推出新的商品群。

## 单元三　连锁企业的定价管理

定价管理是连锁企业进行商品管理的重要内容之一。商品定价最重要的因素是确保利润，否则企业经营就失去意义。相比非连锁的企业，价格适宜是连锁企业的竞争优势之一，这主要体现在两个方面：一是价格低廉，规模经营、进货折扣和延期付款等优势大大降低了连锁企业的经营成本，因此能够制定更具竞争力的价格；二是价格统一，对价格进行统一管理，能塑造良好的企业形象，赢得顾客的信赖。

## 一、定价的程序

连锁企业商品定价的程序一般如图 5.2 所示。

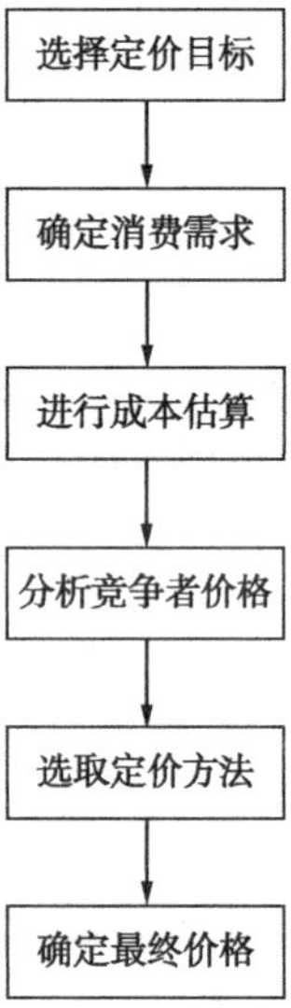


图 5.2　定价的程序

### 1. 选择定价目标

连锁企业的商品定价必须与其战略目标紧密结合，首先必须给自己销售的商品进行适当的市场定位，进而选择相适应的定价目标。

（1）适当利润目标。

在激烈的市场竞争中，企业为保全自己，减少市场风险，或者限于实力不足，而把取得适当利润作为定价目标，以取得长远、稳定、均衡的利益，追求长期利润最大化。

（2）以提高市场占有率为目标。

市场占有率是一个企业经营状况和企业产品在市场上竞争能力的直接反映，关系着企业的兴衰存亡。在这种情况下，企业通常采取由低价到高价或由高价到低价的定价策略。

（3）商品形象目标。

在这种情况下，企业一般会制定一个较高的价格，但高价必须符合“物有所值”的原则，主要适用于高档商品、名牌商品和特色商品等。

### 2. 确定消费需求

需求量和价格之间的关系可以用需求价格弹性来表示：需求价格弹性大，代表商品需求受价格影响大，消费者对价格敏感程度高；需求价格弹性小，代表商品需求受价格影响小，消费者对价格敏感程度低。一般来说，与消费者生活密切相关的生活必需品的需求价格弹性较小，而非生活必需品的需求价格弹性较大。测定需求的基本方法是对商品实施不同的价格，然后观察其销售情况。

### 3. 进行成本估算

连锁企业的商品成本主要包括进价成本和经营费用等。进行成本估算时应考虑：一是进价成本的变动；二是现金折扣或数量折扣；三是正常的损耗率；四是失重、过时、过期、滞销等情况。

### 4. 分析竞争者价格

在市场经济社会中，消费者可以非常便捷地获取商品信息，那些价格敏感度高的消费者更是货比三家后再做出购买行为，故连锁企业非常有必要了解竞争对手的现状和可能的反应。在分析竞争者的价格时，要注意了解以下信息：一是市场中现有的竞争对手或替代品的竞争对手的数量；二是现有竞争对手的价格；三是分析竞争对手的定价目标；四是分析竞争对手的商品价格中哪些是短期变动（如促销活动），哪些是常态。

### 5. 选取定价方法

对连锁企业来说，不论在整体产品结构上还是在单个产品上，都有其既定的定价方法和策略，都应该有合理的利润空间。常见的定价方法有成本导向、竞争导向、需求导向三种。连锁企业应该根据实际情况，特别是定价目标、定价策略等的要求，选取适合的定价方法，切忌生搬硬套某一理论和模式。

### 6. 确定最终价格

连锁企业在确定最终定价时，还应再一次审视以下几个影响因素：一是成本与品质的一致性；二是消费者的接受度；三是有效的心理诉求方式；四是售价与其他营销组合要素的协调性；五是是否符合公司政策；六是主要竞争者可能的反应；七是不同区域的差异性。

## 二、定价的方法

### 1. 成本加成定价法

这是企业在正常经营状态下最常见的定价方法，即按商品单位采购成本加上一定比例的毛利制定出零售价格，其公式为：

售价=单位成本×（1+毛利率）

成本加成定价法中的零售价格是由出厂价格或批发价格加上零售利润、运输费、经营管理费、销售税金和商品损耗等所形成的。加成率根据商店所经营的商品种类不同而存在较大差异。一般在美国超市里，调味品的加成率为37%，蔬菜和干货食品的加成率为27%，烟草商品的加成率为14%，婴儿食品的加成率为9%等。对于季节商品、特殊商品、周转慢的商品、保管费用高的商品以及需求弹性缺乏的商品来说，加成率一般比较高。这种方法虽然简便易行，但没有考虑供求关系及竞争对价格的影响，所以相对来说缺乏灵活性。

### 2. 竞争导向定价法

竞争导向定价法是指企业通过研究竞争对手的商品价格、生产条件和服务状况等，以竞争对手的价值为基础，确定自己的产品价格。这种定价方法可随竞争状况的变化来调整价格水平，所定的价格易为消费者所接受，也可避免竞争带来的风险。

### 3. 需求导向定价法

需求导向定价法，又称为理解价值定价法，是以消费者对产品价值的理解和需求的迫切程度为依据来进行定价的一种方法。也就是说，企业通过市场营销组合中的非价格因素

（如产品质量、服务和广告宣传等）的运作，使商品在消费者心目中形成理想价值，然后据此定价。这种定价方法的关键在于企业要正确估计购买者所认同的价值。通常某种商品的顾客感知度越高、需求迫切度越高，价格就可以定得高一些。

下面通过一个例子来看一下，连锁企业是如何通过需求导向定价法来给商品定价的。假设一个服装连锁专卖店要推出一种新款式的 T 恤衫，开发该产品的固定成本为 30 000 元，可变成本为每件 20 元。总固定成本不随生产和销售的产品数量而改变，而总可变成本随生产和销售的产品数量而改变。该 T 恤衫以四种不同的价格在四家商店中销售，从表 5.2 所示的需求导向法定价表中可以发现，每件 T 恤衫定价 40 元是获利最高的价格。

表 5.2　需求导向法定价表

| 市　　场 | 单位价格（1） | 该价格下的需求（单位：件）（2） | 总收益（3）=（1）×（2） | 总成本（4）=30 000+20×（2） | 总利润（5）=（3）-（4） |
|---|---|---|---|---|---|
| 商店 1 | 30 | 20 000 | 600 000 | 430 000 | 170 000 |
| 商店 2 | 40 | 15 000 | 600 000 | 330 000 | 270 000 |
| 商店 3 | 50 | 8 000 | 400 000 | 190 000 | 210 000 |
| 商店 4 | 60 | 3 000 | 180 000 | 90 000 | 90 000 |

# 单元四　连锁企业的促销管理

连锁企业的促销是指连锁企业为告知、劝说或提醒目标消费者关注企业商品信息而进行的一切沟通联系活动。

## 一、促销的目标

促销目标是促销活动的制度思想和行动指南，连锁门店在组织促销活动之前，必须设定促销目标，以此为指导来实施促销活动。促销的目标主要有以下几个方面：

（1）提高企业的知名度，树立门店的形象；

（2）提高销售业绩，扩大营业额，可以通过增加新商品、季节性商品等来实现，也可以通过增加顾客的购买量和购买次数来达成；

（3）提升门店的竞争力，与该商圈内的其他企业所举办的促销相抗衡；

（4）清理滞销商品，加速资金周转；

（5）稳定原有顾客，吸引新顾客。

## 二、促销的方式

与一般企业一致，连锁企业的促销方式也包括广告、人员推销、销售促进和公共关系四种，连锁企业对这些促销方式有所选择地加以组合使用就是促销组合策略。由于各促销方式具有不同特点，对于不同性质的商品和不同业态的连锁店，促销方式所起的作用也各不相同。对于消费品市场而言，广告的作用最大，销售促进次之，然后才是人员推销和公共关系。这里主要分析广告和销售促进方式。

### 1. 连锁企业的广告促销

连锁企业的广告促销是以付费的、非人员的方式，向最终消费者提供关于连锁店、商品、服务和观念等信息，以影响消费者对连锁店的态度和偏好，直接或间接引起销售增长的沟通传达方式。

（1）连锁企业常用的广告媒体。

连锁企业可以通过各种媒体发布信息，展开宣传。选择媒体时，应主要依据促销活动的方式、商圈范围、媒体成本等因素。连锁企业常用的广告媒体如表 5.3 所示。

**表 5.3　连锁企业常用的广告媒体**

| 媒体项目 | 使用时机 | 费　用 | 使用频率 |
|---|---|---|---|
| 电视 | 开业或多店联合促销 | 高 | 少 |
| 广播电台 | 开业、周年庆、联合促销 | 较高 | 少 |
| 店内音像 | 开业、周年庆、联合促销 | 低 | 中 |
| 报纸 | 开业、周年庆、联合促销 | 较高 | 中 |
| POP 广告 | 各式销售场所促销活动 | 低 | 多 |
| 电话或短信 | 通知固定顾客促销信息 | 低 | 少 |
| 户外宣传品 | 开业宣传 | 低 | 少 |
| 网络 | 企业形象推广 | 低 | 中 |

由表 5.3 可以看出，由于 POP 广告费用低，使用简便，使用时机多，所以成为连锁企业最常用的广告宣传方式。

（2）POP（Point of Purchase）广告。

POP 广告，又称为店面广告、卖场广告或销售点广告，它是连锁店在销售现场向顾客所做的最直接的广告。它的目的在于诱导顾客进店，使顾客容易选择商品，并提醒顾客注意促销商品，以扩大销售。由于 POP 广告针对性较强，顾客可在短时间内近距离地接触它，所以容易留下较深刻的印象，并且极易促成冲动性购买行为。

POP 广告在运用时，可以根据不同标准对其进行划分。不同类型的 POP 广告，其功能也各有侧重。按形式划分的 POP 广告分类表与按门店中所处位置划分的 POP 广告分类表如表 5.4 和表 5.5 所示。

**表 5.4　按形式划分的 POP 广告分类表**

| 名　称 | 含　义 | 功　能 |
|---|---|---|
| 招牌 POP | 包括店面、幕布、旗子、横幅、电子屏等 | 传达企业识别标志、销售活动信息、渲染气氛 |
| 货架 POP | 展示商品广告或立体展示售货 | 直接推销商品 |

续表

| 名　称 | 含　义 | 功　能 |
|---|---|---|
| 招贴 POP | 类似于传递商品信息的广告 | 要注意区别主次信息，控制信息量，建立起视觉秩序 |
| 悬挂 POP | 悬挂在店内的气球、吊牌、吊旗、包装空盒、装饰物等 | 制造活泼、热烈的气氛 |
| 标志 POP | 商品位置的指示牌 | 向顾客传达购物方向的流程和位置的信息 |
| 包装 POP | 如若干小单元的整体包装、礼品包装和附赠品包装等 | 促销和宣传企业形象 |
| 灯箱 POP | 大多稳定在陈列架的端侧或壁式陈列架的上面 | 指定商品的陈列位置和品牌专卖柜 |

**表 5.5　按门店中所处位置划分的 POP 广告分类表**

| 名　称 | 种　类 | 功　能 |
|---|---|---|
| 店头 POP | 店头看板、商品与服务名称 | 告诉顾客这里有家店铺，它提供什么样的商品和服务 |
| | 橱窗展示、旗子、布帘 | 通知顾客正在实施促销，或营造气氛，给商店带来季节感 |
| 店内 POP | 专柜 POP、引导 POP | 告诉顾客商品所处位置 |
| | 特卖 POP、廉价 POP | 告诉入店顾客特卖活动信息 |
| | 告知 POP、优待 POP、气氛 POP | 告知顾客商品性质及内容，制造店内气氛 |
| | 厂商海报、广告板、场地 POP | 传达商品及服务情报 |
| 陈列现场 POP | 展示卡 | 告诉顾客商品及服务品质、消费方法、厂商名称等信息 |
| | 分类广告 | 告诉顾客广告品或推荐品的位置、尺寸及价格 |
| | 价目表 | 告诉顾客商品及服务名称、数量及价格标示 |

### 2. 连锁企业的销售促进

连锁企业的销售促进主要是指连锁企业针对最终消费者所采取的各种短暂性的促销措施。销售促进的特点：一是引人注目，吸引力强；二是形式多样，能增强顾客的购买欲望；三是通过增加客流量，可以促进其他商品的销售；四是效果比较短暂，常常吸引品牌转换者，而并不一定能产生新的忠诚顾客。

连锁企业在实际经营过程中，为了争取到更多的顾客，可以采用多种推广方式来提升企业的竞争力。连锁企业的主要推广方式如下。

（1）会员推广方式。

会员制的一般做法是由到某一场所消费或享受某一产品、服务的消费者群组成一个俱乐部，加入的条件是缴纳一笔小额会费，成为会员后就可以在一定时期内享受消费折扣或优先服务。会员一般以会员卡作为资格的凭证，很多美容美发连锁店、餐饮连锁店等都采用这一推广方式。会员制给企业带来的好处有：以一定的约束力建立起企业长期稳定的顾客来源；可以培养一批忠实顾客；能给企业带来一定的会费收入；还可获得消费者的资料，有利于进行消费分析。

案例链接5.6

**屈臣氏会员制的精明之处**

（1）10 元办卡。相对于国内大多数零售企业采用的免费办卡或者一次性购物满额即办卡的程序，屈臣氏采用的是缴纳 10 元工本费办卡的方案。研究发现，免费办的卡很难获得珍惜及利用，屈臣氏的操作更体现了对会员卡给顾客带来优惠的自信。

（2）网上激活才可使用。这一点充分体现了屈臣氏的精明及细节之处，会员在激活的同时自然把个人资料详细地登记在屈臣氏的网站上，而免去了操作这一环节的人力花费，更保证了每一个会员的资料都能准确无误地被输入屈臣氏的网络。

（3）会员凭卡每消费 10 元即可累计会员积分 1 分，会员积分 20 分可抵扣 1 元现金，网上激活即可送 40 积分。40 积分等于 2 元，那还有 8 元办卡成本需要 160 积分，也就是需要在屈臣氏消费 1 600 元才能抵消这个成本，并且会员积分是 1 年内有效的。部分顾客在细算后当然是认为亏了。其实在屈臣氏的算盘中，锁定了在个人用品方面每年的消费金额在 1 600 元以上的顾客，定位之精准由此可见一斑。

（2）活动策划推广方式。

它是一种重要的推广手段，设计新颖的活动能吸引大批顾客，从而给企业带来更大的经济和社会效益。连锁企业的推广活动主要包括节日类活动、娱乐类活动和演出类活动等。

（3）奖励推广方式。

它是一种比较灵活的推广方式，一般分为消费奖励和比赛奖励两种形式。前者是消费满一定额度即可获得一定的奖励；后者是由企业组织顾客参加的有奖比赛，如游戏、问答、征求宣传语和标志、知识竞赛等。

（4）折价推广方式。

直接以降价或折价的方式来招揽顾客，是最常见、使用最广泛的一种推广方式，其实质是把企业应得的一部分利润转让给消费者。

（5）赠送推广方式。

一种新产品在推向市场时，知名度不高，用户也极少，为打开销路，“免费赠送”是一种常用的手法，主要包括免费样品赠送、免费礼品赠送等形式。

（6）现场制作推广方式。

它是指请经过专门训练的营业员或服务员在店堂进行现场制作表演，如餐饮店的开放式厨房、蛋糕店的蛋糕制作等。现场制作有一定的技巧性、示范性和教学性，对营造店内气氛、激发顾客购买欲十分有效。

## 三、促销活动的实施

连锁门店的促销是在总部的统一指导下展开的，因此各门店要根据总部的促销目标和实施要求，进行商品促销活动，其基本步骤一般如下。

第一步，拟订促销方案。促销方案是连锁企业开展促销活动的具体策划，总部的销售部门应根据年度促销计划，针对近期即将开展的促销活动，拟订方案。主要内容包括促销主题、举办时间、促销活动分析、促销的主要商品项、促销价格以及竞争对手等。

第二步，审批促销方案。销售部门把经过讨论、听证并确定的促销方案送总部负责人，总部负责人应就方案听取总部公关、采购、财务等部门的意见，之后方可批准实施。

第三步，准备促销商品。供应商的配合是促销成功的关键因素，总部应协调好与供应商的关系，努力争取供应商在数量、质量和价格上的支持，并严格保证促销商品供应时间上的及时性。

第四步，传递促销信息。主要根据本次促销活动的预期目标和规模，确定所要宣传的信息，包括促销商品的品项、价格和具体做法等，选择一种或几种适合的宣传媒体并予以落实，如制作 POP 广告、发放邮报和宣传单等。

第五步，实施促销活动。按照促销方案的计划和要求，组织门店员工开展商品促销活动，并做好现场宣传和服务工作。

第六步，评估促销效果。促销活动举行完毕，需要通过信息统计和顾客反馈来了解此次促销是否达到预期目标，并进行反思，检讨得失，累积经验，汲取教训，为今后的促销活动打下良好的基础。

## 知识扩展 5.1

### 连锁门店促销活动检查

某连锁门店促销活动的检查表如表 5.6 所示。

**表 5.6　某连锁门店促销活动检查表**

| 阶　段 | 检 查 标 准 |
|---|---|
| 促销前 | 1．促销宣传单、海报、POP 广告等是否发放和准备妥当；<br>2．卖场所有人员是否均已知道促销活动具体实施时间和细则；<br>3．促销商品是否已经订货和进货；<br>4．促销商品是否通知信息部门变价 |
| 促销中 | 1．促销商品是否齐全，数量是否充足，品质是否良好；<br>2．促销商品是否变价；<br>3．促销商品陈列是否具有吸引力，是否已张贴 POP 广告；<br>4．卖场所有人员是否均了解促销期限和方式；<br>5．卖场气氛是否具有活性化；<br>6．服务台人员是否定时广播促销信息 |
| 促销后 | 1．过期海报、POP 广告、宣传单等是否均已拆下；<br>2．商品是否恢复原价；<br>3．商品陈列是否调整恢复原状 |

## 复习思考题

1. 连锁企业商品分类的方法有哪些？
2. 举例说明商品组合的方法。
3. 连锁企业定价包括哪几个基本步骤？
4. 简述商品分类的方法。
5. 什么是促销？连锁企业促销方式有哪些？
6. 简述 POP 广告的种类及功能。

## 案例分析

### 连锁药店促销——淡季不“淡”

某市 A 医药公司枫林店自 2010 年 1 月在枫林社区开业以来，由于广告策划到位，渠道促销员具有较强的终端促销能力，市场走势良好，销售额不断增加，到 2010 年 5 月，销售额已达 40 万元。本以为照此下去销售能够一帆风顺，到下半年秋季再加大投入，做一些促销买赠活动，稳稳赚上一笔是没有问题的，但是偏偏天不遂人意。2010 年 5 月，某全国连锁药店公司也在该社区新开了一家连锁门店，并以一周三次半版的广告频率规模进行宣传，一开业就引起了消费者的热烈追捧，A 医药公司枫林店的市场销售受到了很大的冲击。和对方去拼广告吧，公司实力有限，不可能投入大量的广告费用，再加上 6～9 月是医药保健品销售的淡季，销售难度大。为了扭转这一局面，A 医药公司决定在枫林社区开展淡季促销，但费用必须控制在五万元以内。在公司的支持和帮助下，枫林店的店长根据本门店的优、劣势，结合淡季医药保健品的销售规律，撰写了一个淡季促销方案，主要内容如下。

1. 调整商品结构。夏季虽然是保健品销售的淡季，但并不是所有医药保健品销售的淡季，夏季反而是防暑药品和护肤药品的销售旺季。因此，将防暑和护肤药品等品种的上架比例从原来的 10%提升到 50%。

2. 制作小摇扇进行宣传。利用连锁医药公司广告宣传的优势，根据当地天气酷热的特点，在 6 月中旬前赶制两万把小摇扇，每一把小摇扇上面都印上精美的产品宣传信息，然后派人到人流量大的地段有针对性地发放，费用控制在两万元以内。

3. 开展送货上门服务。针对夏季较热，消费者不愿外出的情况，在广告中提示实行“清凉度夏、无忧生活”的送货上门服务，专门配备人员送货，送货费用控制在一万元以内。

4. 针对护肤品的消费特点，加强售后服务。护肤品的使用对象主要是女性，枫林店在宣传促销的同时，也加强了对消费者的售后服务。开展了与美容院的联合促销，对消费者实行凡购买一套（或价值 300 元以上）护肤品即可享受美容院免费护理服务一次的活动，以调动女性消费者的购买兴趣，费用控制在两万元以内。

资料来源：郑光财．连锁经营实务．北京：中国人民大学出版社，2012.

**思考题**

1．请指出枫林药店淡季促销方案的主题，并说明其原因。
2．你认为枫林药店的促销方案有什么特色，有没有一些更好的做法？

## 实训项目

1．选择某一超市门店，以法定节日为轴心，策划一周的促销主题活动，主要内容包括：传递促销信息，策划促销主题，促销商品陈列与氛围营造，促销人员安排与费用预算等。

2．以小组为单位，试调查学校周边商店的价格水平，并用竞争导向法为一家新开业的超市制定某一类商品的具体价格。

# 模块六

# 连锁企业的门店管理

**【引导案例】**

**家乐福——卖场布局有门道**

许多超市的布局是将高购买率、最吸引顾客的商品或区域设置在门店的最深处或主要通道上，以便吸引顾客将门店完全光顾一遍。家乐福超市的二楼主要展示一些非食品类商品，从二楼卖场入口进入的最右边主要是家电和手机售卖区。卖场中部主要划分为四部分：音像制品、家居用品、日常用品和衣物。在卖场最靠后的部分，左手位置主要是洗化卫生用品（如皂类、卫生纸、牙刷等）；中间位置是10排左右的落地货架，主要放置化工品（如洗发水、洗面奶等）；最右边主要是品牌化妆品的销售，有醒目的品牌标志。从设置在最右边的电梯下去，一楼是食品类的布局：熟食、生鲜、速冻等最吸引顾客的区域设置在门店的最内部，一方面靠近后场的作业区，另一方面还可以吸引顾客走遍全场；果蔬区一般被认为是高利润部门，通常的布局是满足顾客的相关购物需求，安排在肉食品旁边；由于奶制品和冷冻品具有易融化等特点，所以一般安排在顾客购买流程的最后，临近出口，同时这两类商品放在一起，也有利于设备的利用；烘焙品的主力商品是面包，销量大、毛利高，大多安排在第一排货架和靠近入口的地方，这样不仅会刺激高价位的面包的出售，而且会避免顾客遗忘。杂品部分主要在超市卖场的中央，采取落地货架形式，布局为纵向陈列，这样顾客可以透视纵深。

资料来源：彭娟. 连锁经营管理基本原理与实务. 北京：中国水利水电出版社，2011.

**【学习要点】**

- 掌握连锁门店布局的原则；
- 熟悉连锁门店的基本布局，掌握卖场布局中的磁石理论；

- 掌握门店进货与存货管理的要点；
- 掌握商品陈列的原则，了解商品陈列的工具；
- 掌握商品陈列的基本方法；
- 掌握如何提高顾客服务水平的基本内容。

**【职业指导】**

通过本模块的学习，能对门店出入口、通道、收银台、照明等进行合理设计与布局；能够按照流程，进行门店进货与存货的操作；能够结合磁石理论、商品陈列的原则及方法对商品进行合理的陈列；学会设计连锁门店服务项目，掌握正确处理顾客抱怨的技巧。

# 单元一　连锁企业的门店布局

## 一、门店布局的基本原则

门店是连锁企业销售商品、直接服务顾客并最终实现价值的重要场所。连锁门店应充分利用有限的空间资源，合理规划和实施布局，最大限度地吸引和便利顾客的消费，最终实现企业利润最大化。虽然门店布局由于行业和业态的不同而有所不同，但归纳起来主要应遵循以下几个原则。

### 1. 充分体现自身的经营特色，营造顾客愿意消费的氛围

在进行门店布局设计时，应以连锁企业的经营范围、定位、目标顾客等为依据，充分体现连锁企业经营特色，与竞争对手明确区分开来，使企业的经营理念能够为顾客所认知，产生进入门店消费的欲望，而进入门店后，就能感知门店特有的气氛而产生购买的欲望。

### 2. 合理有效地利用店铺空间

门店布局不仅要考虑美观、舒适，还要最大限度地利用空间，牢牢把握合理、有效原则，既不能因过多陈列商品而导致通道狭窄，也不能因过分利用空间而导致门店后方狭小。

### 3. 通道开放畅通，延长顾客停留时间

门店是为顾客消费而服务的，如果通道狭窄、不畅通，顾客出入、行进不方便，即使店内商品再丰富、再便宜，服务再周到，也难以吸引顾客购买，所以要注意通道的宽窄适度，确保始终畅通。另外，应力争通过布局，发挥商品特色，排除不适因素，延长顾客在店内的停留时间，只有这样才能加大顾客随机性购买和冲动性购买的概率。

### 4. 最大限度地方便顾客

门店布局还必须坚持以顾客为中心，满足顾客的各种需求，包括对购物便利性的需求，

这就要求连锁企业在交通来往、交通工具停放、顾客进出门店、顾客选购商品等各个环节，尽可能最大限度地做到方便顾客、周到服务。

### 5. 兼顾经济性与安全性

除了以上几点，连锁门店的布局设计还应考虑经济性和安全性：从经济性角度考虑，应尽可能降低门店单位面积投资，保持合理投资比例；从安全性考虑，门店有义务保证顾客的人身和财产安全，同时为工作人员提供良好的工作环境。

## 二、连锁门店的基本布局

连锁门店的基本布局主要包括出入口设计、通道设计、货架布局、收银台设计以及灯光照明设计等内容。

### 1. 出入口设计

（1）出入口的数量。

店铺的出入口可以是一个，也可以是几个，主要根据店铺的规模大小而定。一般来说，小店铺只设一个出入口；大店铺可设四个以上的出入口。入口多，方便顾客从不同方向进入，也不易造成拥堵，但须为此支付保安费用。如果门店设有停车场，则至少应设置两个出入口，让顾客停好车后方便进店。

（2）出入口的类型。

店铺出入口一般有开放式、半开放式和封闭式三种类型。

开放式出入口的外观特点是店铺临街的一面全部敞开，从而方便顾客出入，并有利于充分展示店铺内商品，从而提高购买速度。

半开放式出入口的外观特点是店门大小适中、招牌大、橱窗小且低位设置，或不设橱窗、进出口分道。这种出入口能给人宽敞明亮的印象，消费者可在路过店铺时方便地看到店内丰富的商品，有利于吸引过往顾客。

封闭式出入口的外观特点是店门不大，装潢讲究，面向大街的一面用橱窗或有色玻璃遮掩起来，内部环境文雅娴静。这种出入口可以隔绝噪声，阻挡寒暑气和灰尘，顾客可在橱窗前品评陈列的商品后再入店选购，并且顾客在店内不受干扰，可从容消费。

### 2. 通道设计

卖场的通道主要划分为主通道和副通道。主通道是诱导顾客行动的主线，而副通道是顾客在店内移动的支流。门店内的主、副通道设置不是根据顾客的随意走动而设计的，而是根据连锁门店内的商品配置位置和陈列来设计的，如表 6.1 所示是超市门店通道宽度的基本设定值。良好的通道设计，就是要引导顾客按设计的自然走向，走过店铺的每一个角落，接触所有商品，使卖场空间得到最有效的利用。

表 6.1　超市门店通道宽度的基本设定值

| 单层卖场面积 | 主通道宽度 | 副通道宽度 |
|---|---|---|
| 300 平方米 | 1.8 米 | 1.3 米 |
| 1 000 平方米 | 2.1 米 | 1.4 米 |
| 1 500 平方米 | 2.7 米 | 1.5 米 |
| 5 000 平方米 | 3.0 米 | 1.6 米 |
| 6 000 平方米以上 | 4.0 米 | 3.0 米 |

### 3. 货架布局

货架是卖场中存放、陈列和出售商品的各个部分所占用的营业面积，不仅会影响商品的展示效果，而且也会影响顾客在店内的流动购物路线。货位的分布形式主要有直线式、斜线式和曲线式三种。

（1）直线式。

直线式货位就是货架和通道呈矩形分段布置。这种形式主要适用于超级市场和大型百货商店。它的优点是顾客易于寻找货位地点，易于采用标准化货架；缺点是容易造成冷淡气氛，易使顾客产生被催促的感觉，自由浏览受到限制。

（2）斜线式。

斜线式货位就是货架和通道呈菱形分段布置。它的优点是可以使顾客看到更多商品，气氛活跃，活动不受拘束；缺点是不如直线式通道更能充分利用场地面积。

（3）曲线式。

曲线式货位的分布和顾客通道都是不规则的曲线形式。它是开架销售常用的形式，主要适用于大型百货商店、服装商店等。它的优点是能够创造活跃的商店气氛，便于顾客选购浏览，任意穿行，可以增加随意购买的机会；缺点是浪费场地面积，寻找货位不方便。

总之，在进行门店布局时，不管采取哪一种货位组合，只要合理运用店铺空间，方便顾客选购商品，利于提高销售业绩，这样的选择就是为顾客和市场所认可的。

### 4. 收银台设计

在现代店铺中，大多采取售货与收款相分离的方式，因此收银台的分布也是门店布局中一个不可忽视的环节。

（1）收银台的位置。

收银台的位置应设置在方便顾客付款的地方。例如，在自选超市内，收银台应布局在出口处；在百货商店中，收银台应布局在楼面中央区，且有明显标志，并保持相对宽敞。

（2）收银台的数量。

收银台的数量应按店铺规模来确定，并且要考虑如何满足高峰时迅速付款结算的实际要求。

### 5. 灯光照明设计

在门店布局中，照明的使用具有普遍意义，灯光的强弱、明暗对比能使人产生截然不同的心理反应。合理地配置照明及装饰光源，既可以凸显商品的形状、颜色和质感，又可以优化店内气氛，使顾客在视觉舒适的环境中浏览商品，带来良好的购物体验。

（1）基本照明。

基本照明是为确保整个连锁店获得一定能见度而进行的照明，主要做法是在店堂的顶部安装各种白炽灯和荧光灯。一般来说，自然光对人眼没有刺激，可以展现商品的原貌。基本照明是店堂照明的主要部分。

（2）重点照明。

重点照明，也称商品照明，是为了突出商品独特的品质，增强商品吸引力而设置的照明。常见的重点照明有聚光照明、陈列器具内的照明及悬挂的白炽灯照明等。一般来说，熟食类商品采用带红灯罩的灯具照明，以增强食品的诱惑力；而金银饰品、工艺美术品等采用聚光灯照明，以方便顾客欣赏和选择。重点照明是店堂照明的辅助部分。

（3）装饰照明。

装饰照明是连锁店为求得装饰效果或重点销售区域而设置的照明，常见的装饰照明有霓虹灯、弧形灯、吊灯和连续性的闪烁灯等。装饰照明也是店堂照明的辅助部分。

案例链接 6.1

**耐克——采奢侈品和运动品照明之长**

传统的奢侈品照明，要求低照度，希望营造出高端和品位的吸引力，而传统的运动品牌照明，则要求灯光体现出受众需要的青春和活力。在如何吸收两者之长方面，耐克一直延续着全球运动品牌店堂灯光设计的经典。

在耐克专卖店，使用了在业内被誉为“商业场所照明之王”的飞利浦陶瓷金卤灯，其准确分布的灯光，不仅能很好地揭示陈列商品的独特性，而且具有防强烈反射光线的功能。在这样的光线下，消费者能够充分感受商品的高档质感。

耐克店堂的另一个显著特点是店堂从外到内光线过渡流畅，且层次分明。为了做到这点，设计师匠心独运：从进门开始，明亮的光环境和不同区域有层次感的照度分布，能使消费者产生愉悦的购物心情，并能刺激消费者的购物欲，这些都构成了耐克的活力源泉。专业的照明设计，有力推动了耐克系列商品的销售业绩，更让耐克品牌形象深入人心。

## 三、卖场磁石点的运用

门店布局中的磁石点是指卖场中最能吸引顾客眼光停留的地方，磁石点就是顾客的注意点。磁石点运用的意义，是在卖场中最能吸引顾客注意力的地方配置最合适的商品以促其销售，引导顾客逛完整个卖场，增加顾客冲动性购买率。店铺内部一般分为五大磁石点，其分布如图 6.1 所示，这里以比较常见的“凹”字形主通道为例，说明店铺磁石点的分布。

第一磁石点：位于卖场主通道的两侧，是顾客的必经之地，也是商品销售最好的地方。

第二磁石点：穿插在第一磁石点中间，一段一段地引导顾客向前走，直至走完整个卖场。第二磁石点上的商品应根据需要，每隔一段时间就进行调整，以保持其基本特征。

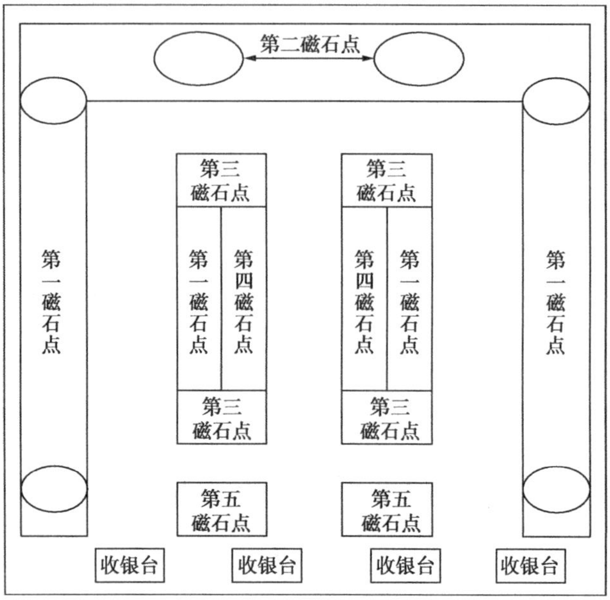


图 6.1　卖场磁石点分布

第三磁石点：卖场中央陈列货架两头的端架位置。端架是卖场中顾客接触频率最高的地方，其中一头端架又对着出入口，因此配置在第三磁石点的商品，要刺激顾客购买欲望的产生。

第四磁石点：卖场中副通道的两侧，是充实卖场各个有效空间的摆设商品地点。第四磁石点要让顾客在长长的陈列线中引起注意，因此在商品配置上一般以单项商品来规划。

第五磁石点：位于收银台前的中间卖场，是门店开展各种节日展销、特卖活动的非固定位置，其目的在于通过采取单独一处、多品种大量陈列方式，造成一定程度的顾客集中，从而烘托门店气氛，同时随着展销主题的变化，带给消费者一定的新鲜感。

门店应按不同的磁石点来配置相应的商品，各磁石点商品配置表如表 6.2 所示。

**表 6.2　各磁石点商品配置表**

| 磁石点类型 | 商 品 类 型 |
|---|---|
| 第一磁石点 | 1. 销量大的商品；<br>2. 购买频率高的商品；<br>3. 主力商品；<br>4. 进货能力强的商品 |
| 第二磁石点 | 1. 前沿品种；<br>2. 引人注目的品种；<br>3. 季节性商品 |

续表

| 磁石点类型 | 商品类型 |
|---|---|
| 第三磁石点 | 1．特价品；<br>2．大众化的品牌，自有品牌商品；<br>3．季节性商品；<br>4．时令性商品；<br>5．厂商促销商品（新产品） |
| 第四磁石点 | 1．廉价品；<br>2．大量陈列的商品；<br>3．贴有醒目促销标志的商品；<br>4．大规模广告宣传商品 |
| 第五磁石点 | 1．低价展销商品；<br>2．非主流商品 |

总之，磁石理论运用的目的在于吸引顾客产生冲动性购买动机并形成购买行为，提高销售额。同时，磁石理论的运用也是一种技巧和艺术，可以不断推陈出新，创造出更美、更有效的门店布局。

# 单元二　连锁门店的进货与存货管理

对于连锁经营企业来说，进货与存货是门店销售的基础，加强门店的进货与存货管理，有利于企业进一步降低运营成本。

## 一、门店进货管理

门店进货管理是指连锁门店向总部要货或自行向由总部统一规定的供应商要货的活动，主要包括订货管理、验货管理、退/换货管理及商品调拨作业管理等内容。

### 1. 订货管理

（1）合理订货的条件。

第一，必须把握门店的商品库存量。随时了解商品的实际状态，做到心中有数，特别是对于存货低于安全库存量等情况能够及时发现，这是合理订货的前提。

第二，对商品基本情况进行具体、细致的把握。准确把握门店商品的价格、进货时间、保存条件、具体陈列等基本情况，才能较适当地得出需要更换、补充和处理的结论。

第三，对门店商品的销售动态进行把握和分析，适时、适量订货。日常商品的销售动态无疑是合理订货的主要依据，要密切跟踪分析POS（Point of Sale，销售终端）资料、日常销售动态、商品销量异动以及顾客意见等多种情况，把握比较合理的进货量，同时注重订货的时效性，在总部规定的时间内完成订货，不能因为延误而造成缺货。

第四，把握季节变化、节假日促销活动等对商品销售的影响。根据历史数据在换季、节庆之前，适当增加某一种类商品的订货量，更好地适应销售需要。

（2）订货的程序。

门店订货作业的一般流程如图 6.2 所示。

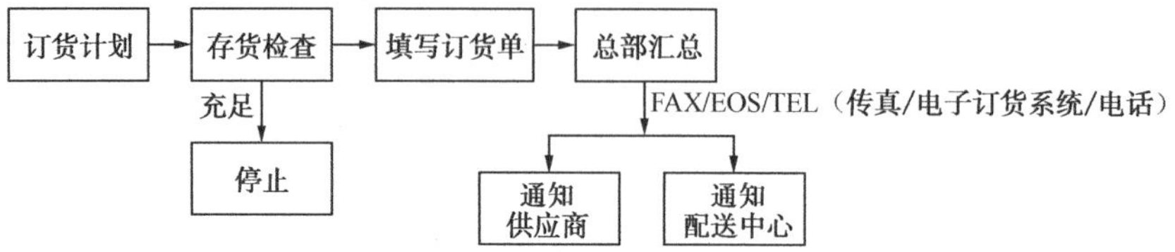


图 6.2　门店订货作业的一般流程

#### 2. 验货管理

（1）商品验收的原则。

为保证商品的数量和质量，商品验收应遵循以下原则。

第一，商品在各流转环节，随着每次商品管理权的转移，必须进行一次验收以明确经济责任；第二，商品验收必须及时、迅速、准确，做到随进货、随验收、随上货；第三，根据商品性质和包装等特点采取不同的验收方法，做到有章可循，有据可查；第四，在验收过程中，凡是发现不合格、过期、残损变质、数量差错等问题商品应予以拒收或登记处理；第五，做好验收单据、发票的保管，如实记录验收情况。

（2）验收的流程。

连锁门店商品进货和验收作业的一般流程如图 6.3 所示。

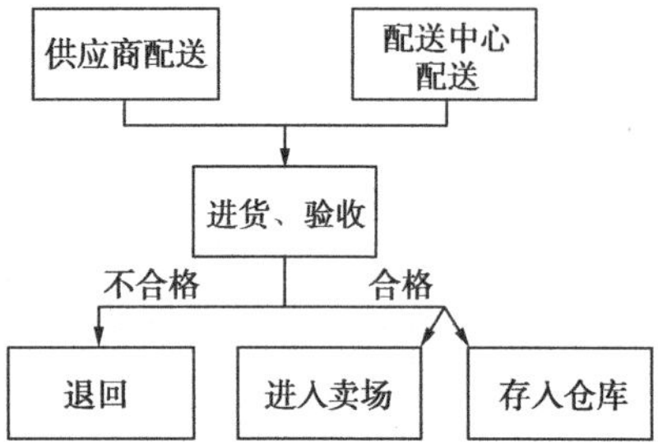


图 6.3　连锁门店商品进货和验收作业的一般流程

#### 3. 退/换货管理

退/换货主要是由于商品品质不良、订错货、送错货、商品滞销等原因造成的。退/换货作业可与进货作业相配合，利用进货回程，顺便将退/换货商品带回。在退、换货时，首先要查明退换商品的来源，其次要填清退换单，如注明品名、数量、退换原因及要求等，最后要事先告知厂商，以便其及时处理。

#### 4. 商品调拨作业管理

调拨作业发生在各个连锁门店之间，它是指供应商或配送中心无法及时供货，门店产生临时缺货问题，从而向其他门店借调商品的作业。调拨发生的主要原因：一是门店销售剧增，而存货不足；二是供应商送货量明显不足；三是顾客临时大宗购买。

## 二、门店存货管理

连锁门店的存货管理主要包括卖场的理货、内仓的存货和定期盘点等工作内容。

### 1. 理货作业

在门店中，虽然理货员是不直接与顾客接触的销售人员，但其工作好坏同样是影响销售额的重要因素。理货员的工作主要包括领货、标价、陈列及补充商品等环节。

（1）领货作业流程管理。

在门店营业中，陈列在货架上的商品在不断减少，理货员的主要职责就是去内仓领货以补充货架。领货时，理货员必须填写领货单，上面写明商品的分类、货名、数量及单价，同时仔细核对内仓管理员所发出的商品信息是否与领货单相一致。对大型综合超市、仓储式商场、便利店来说，其领货作业的程序可能不反映在内仓方面，而是直接反映在送货人员方面。一旦完成交接程序，责任就完全转移到商品部门负责人和理货员的身上。

（2）标价作业流程管理。

每一个上架陈列的商品都要标上价格标签，以便顾客选购和收银员计价收款。门店的价格标签分为四种类型：商品部门别标签，表示商品部门的代号和商品价格；单品别标签，表示单一商品的货号及商品价格；店内码标签，表示某一单品的店内码和价格；纯单品价格标签，只表示每一个商品的单价，无其他号码。

（3）陈列及补充商品作业流程管理。

根据商品陈列配置表，做好商品陈列的定位化；严格按照补充商品步骤进行补货；注意整理商品排面，以呈现商品的丰富感。

### 2. 仓库管理

仓库管理是指商品存储空间的管理。仓库管理应注意的问题如下。

（1）库存商品要进行定位管理，即将不同商品按分类、分区管理的原则来存放，并用货架放置。仓库内至少要分为三个区域：一是大量存储区，即以整箱或栈板方式存储；二是小量存储区，即将拆零商品放置在陈列架上；三是退货区，即将准备退换的商品放置在专门的货架上。

（2）区位确定后，应制作一张配置图，贴在仓库入口处，以便存取。小量存储区应尽量固定位置，整箱存储区则可弹性运用。若存储空间太小或属于冷冻、冷藏库，也可以不固定位置而弹性运用。

（3）储存商品不可直接接触地面：一是为了避潮；二是由于某些商品的卫生规定；三是为了堆放整齐。

（4）注意仓储区的温、湿度，保持通风良好，干燥、不潮湿；仓库内要设有防水、防火、防盗等设施，以保证商品安全。

（5）商品储存货架应设置存货卡，商品进出要遵循先进先出原则，也可采取色彩管理法，如每周或每月采取不同颜色的标签，以明显识别进货的日期。

（6）仓库管理人员要与订货人员及时沟通，以便到货存放。此外，还要适时提出存货不足的预警通知，以防缺货。

（7）仓储存取货原则上应随到随存、随需随取，但考虑到效率与安全，有必要制定对作业时间的规定。

（8）商品进出库做好登记工作，以便明确保管责任。但有些商品为讲究实效，也采取卖场库存和库房库存合一的做法。

### 3. 盘点作业

在门店存货管理中，盘点作业是一项最为繁杂、最花时间和人力的作业，但是盘点作业显示了企业的经营成果的大小，它是衡量经营好坏的最标准的尺度。

（1）盘点作业的原则。

盘点作业一般每月一次，由总部所设的盘点小组负责各商场的盘点工作。为了保证盘点效率，应坚持三个原则。

第一，售价盘点原则，即以商品的零售价作为盘点的基础，库存商品以零售价金额控制，通过盘点确定一定时期内的商品损益和零售差错。

第二，即时盘点原则，即在营业中随时进行盘点。“月末盘点”和“停止营业”不一定是“正确”的盘点，超市尤其是便利店，可以在营业中盘点，且任何时候都可进行。

第三，自动盘点原则，即利用现代化技术手段来辅助盘点作业，如利用掌上型终端机可一次完成订货与盘点作业，利用收银机和扫描器等也可完成盘点作业。

（2）盘点作业的内容。

盘点作业主要包括查数量、查质量、查保管条件及查安全等四项内容。查数量，通过点数、计数来查明在库物品的实际数量，核对库存账面资料与实际库存数量是否一致；查质量，检查在库物品质量有无变化，有无超过有效期和保质期，有无长期积压等现象，必要时还必须对其进行技术检验；查保管条件，检查保管条件是否与各种物品的保管要求相符合，如堆码是否合理稳固，库内温度是否符合要求，各类计量器具是否准确等；查安全，检查各种安全措施和消防器材等是否符合安全要求，建筑物和设备等是否处于安全状态。

（3）盘点作业的步骤。

连锁门店盘点作业的一般步骤如图 6.4 所示。

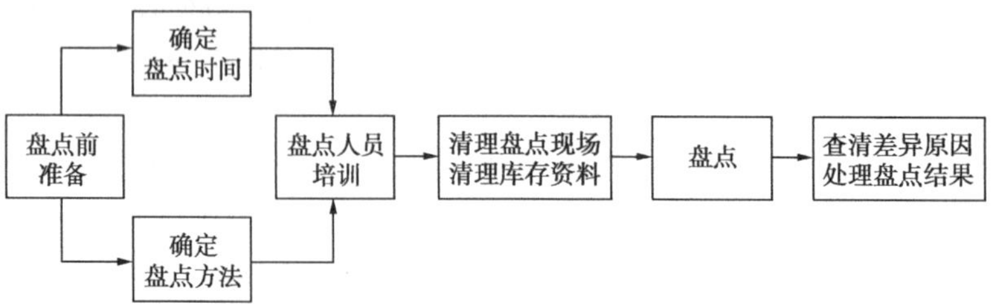


图 6.4　连锁门店盘点作业的一般步骤

案例链接 6.2

**新一佳超市的商品盘点操作程序**

1. 盘点前准备工作

（1）盘点前将有关单据按规定的程序传至财务部记账，并将腐烂、过期、缺损、滞销、换季商品分别进行报损或退货。

（2）整理盘点区域。

仓库：将商品按一定次序分类堆放。

排面：单品清晰，无散货。

端架：无其他商品堆垫。

促销区：无其他商品或空箱堆垫。

天花板：无吊起商品。

（3）收货部应积极配合盘点工作部门尽快整理，处理商品，并在盘点当日中午12点前停止收货。

2. 盘点注意事项

（1）清点时按商品的摆放位置从上至下、从左至右逐一清点，复盘完毕前禁止收票。

（2）盘点小票书写应端正清晰，清点人、监盘人、复盘人分别签字确认。

（3）盘点小票回收之后，任何人不得擅自修改，如确实有误需要修改的，必须由财务分管会计监督重盘后方可修改，并经分管会计签名确认。

（4）复盘比例。

电器、烟酒、化妆品、粮油、奶粉、生鲜区：100%；个人清洁用品：50%；其他：20%。

复盘比例可由店长根据现场销售、库存、损耗状况随时调整。

# 单元三　连锁门店的商品陈列

商品陈列是指运用一定的技术和方法摆放商品，展示商品，创造理想购物空间的活动。商品陈列以商品为主题，利用其本身固有的形状、色彩、式样及性能等，通过艺术造型陈列，向顾客展示出商品的特性，从而刺激顾客的购买欲望。

## 一、商品陈列的原则

今天的顾客已不再把“逛商店”看成一项纯粹的购买活动，而是把它作为一种融购物、休闲、娱乐及社交为一体的综合性活动，所以连锁门店比以往任何时候都更加重视其能给顾客带来的更好的购物体验。商品陈列的目的是充分展示货架商品的魅力，最大限度地引起顾客的购买欲望，因而有效合理的商品陈列必须围绕吸引顾客关注和购买这一主题考虑。具体来说，商品陈列应遵循以下几条基本原则。

### 1. 显而易见原则

商品在货架上显而易见，是销售达成的首要条件。要做到商品陈列显而易见，一是卖场内所有商品都必须能让顾客看清楚，二是要让顾客感到需要购买某些购买计划之外的商品，即激发其冲动性购物心理。

知识扩展 6.1

#### 活用有效陈列范围和黄金带

顾客在站立时，伸手可及的范围，是距地板 50～180 厘米的范围，而这一范围就被称为有效陈列范围。因此，在此空间陈列重点商品是增加销售额的秘诀。反之，50 厘米以下、180 厘米以上，是顾客难以触及的空间，大多进行非重点商品的陈列。

而在上述有效范围之中，顾客最容易看见和接触的范围是距地板 80～130 厘米的空间，被称为黄金带。这个部分一般用来陈列畅销商品、重点商品或季节性商品，对准增加销售的目标；而在黄金带以外，一般用来陈列准重点商品或一般商品。

### 2. 方便拿取原则

一旦顾客对陈列商品产生兴趣，就有触摸商品的要求。因此保证商品方便拿取，是刺激消费者购买的关键环节。除了一些易碎、易受损失或极其昂贵的商品之外，都应尽量保证这一原则。

### 3. 陈列丰满原则

消费者在选购商品时，总是希望有丰富多彩、琳琅满目的商品可供挑选，以货比三家。因此，商品陈列要做到品种丰富、数量充足，将所有商品有秩序、有规律地摆放在货架上。如果同类商品有不同的款式、花色和规格等，都应根据条件，全部展示出来，以扩大顾客的可选范围。另外，将商品摆放成一定的图案或形状，也可以达到商品丰富的效果。

### 4. 先进先出原则

在补充商品时，要注意先把原有的商品取出来，然后再放入补充的新商品，再在该商品前面陈列原有的商品。这样做的目的是保持商品的品质和提高商品的周转率，对于采取顾客自选方式销售的连锁店来说，这一点尤为重要。

### 5. 垂直陈列原则

实践证明，同类商品垂直陈列的销售效果一般要明显好于横向陈列。这是因为人的视觉规律是上下垂直移动时更为方便；而横向陈列时，顾客在挑选系列商品的某个单品时，就会感到非常不便，也极易造成某些商品的漏看。

知识扩展 6.2

**视觉规律与陈列的关系**

人的视觉规律是在上下垂直移动时方便，其视线的上下夹角是25度。因此，若是垂直陈列，顾客在离货架 30～50 厘米的距离挑选商品时，就能清楚地看到 1～5 层货架上所陈列的商品。而人的视觉横向移动时，就要比前者差得多，因为人视线的左右夹角是50度。也就是说，当顾客在同样距离货架 30～50 厘米的距离挑选商品时，只能看到横向 1 米左右的范围内陈列的商品。所以，系列商品横向陈列在一个段位就会造成销售情况要么很好，要么很差的现象。具体则要看商品的特性、陈列范围与这一规律的契合程度。

### 6. 关联陈列原则

为了激发顾客潜在的购买欲望，方便其购买相关商品，可以将相关联的商品进行相邻摆放陈列，以达到促进销售的目的。例如，在鞋子的货柜旁陈列鞋油，在咖啡豆的货柜旁陈列咖啡伴侣，或在牙膏旁陈列牙刷等。

### 7. 合理分配原则

门店货架空间宝贵，商品陈列不可能做到平均分配。销售好的商品排面大，陈列段位好，销售差的则相反，这样才能实现销售最大化。同时，销售陈列是一个动态过程，要不断根据销售情况，做好陈列的调整。

## 二、商品陈列的工具

橱窗、货架、陈列柜、陈列台和一些陈列的小道具等陈列工具，不仅能够突出商品以增强吸引力，而且有助于商品管理和场地整理。陈列工具的选择，主要取决于门店的行业和业态、商品的特性、门店的规模、门店的布局等。

### 1. 橱窗

橱窗陈列要以吸引路过的客人进店为目的。橱窗陈列应注意两点：第一，将店内所经营的商品和意图营造的气氛，以易懂的方式传达给顾客；第二，要随着季节变化和各类节假日而进行组合和变化。

### 2. 货架

货架用于展示丰富多样的商品。对于货架，要注意将商品分类排列，最好能体现商品间细微的差别。货架多以可拆卸组合的钢制货架为主，较常用的规格有：高度为 135 厘米、152 厘米、165 厘米、180 厘米；长度为 90 厘米和 120 厘米。究竟采用哪种规格，需要视连锁企业的卖场设计理念和卖场现状而定。一般来说，采用较高的货架可陈列较多品种的商品，但商品的损耗率会较高；而采用低矮货架则视野较为良好，且较无压迫感。

### 3. 陈列柜

陈列柜主要用于陈列高级商品和较美观的中小物品。对于陈列柜，不要仅是并排陈列物品，更关键的是突出它所能营造出的感官效果。

### 4. 陈列台

陈列台一般用于陈列特别商品或小件商品。此外，它还适宜陈列特卖商品、季节性赠品等。

### 5. 省力化拦车

包括堆头车等，主要用于陈列特卖商品、促销商品。

### 6. 风冷柜、岛柜

用于生鲜商品的特殊陈列用具。

## 三、商品陈列的方法

由于连锁经营涉及的行业、业态和商品种类较多，因此连锁门店商品陈列的方法也比较多，归纳起来主要有以下几种。

### 1. 整齐陈列法

整齐陈列法是指将单个商品整齐地堆积起来以进行商品陈列的方法。采用这种方法，只要按货架尺寸确定商品长、宽、高的排面数，将商品整齐地排列即可完成。整齐排列法突出了商品的量感和价格低廉的形象，因此适用于企业想要大量推销给顾客的商品、折扣高的商品、购买频率高的商品、季节性商品、节庆商品和新上市商品等。

### 2. 不规则陈列法

在连锁门店中，采用整齐陈列法固然能使商品陈列井然有序，但也容易产生单调乏味之感，因此可以将各个中央陈列架的隔板进行错位安排，或将商品以一定规则错位悬挂等，都可使顾客产生一种新鲜感，从而吸引顾客选购。

### 3. 随意陈列法

随意陈列法是将商品随意堆积的方法，主要适用于陈列特价商品，给顾客一种“随意就是便宜”的印象。

### 4. 盘式陈列法

盘式陈列法是将包装箱上部切除，底部留下来当做商品陈列托盘，甚至整箱摆放的堆积陈列方法。这种方法适合的商品主要有：广为人知，深受消费者欢迎，可能整箱购买的品牌；预计薄利多销的商品；中、大型商品；用裸露陈列难以堆高的商品；常见于奶制品、饮料和酒类等的陈列。

**5. 比较陈列法**

比较陈列法是把相同商品，按不同规格、不同数量予以分类，然后陈列在一起的方法。例如，一瓶矿泉水售价 1 元，旁边陈列的同样 6 瓶一整包的矿泉水售价 5.4 元，12 瓶一整包的矿泉水售价 10 元。通过比较，顾客即可得出“买得越多越划算”的结论，所以这种陈列方法的目的是促使消费者增加采购数量。

**6. 悬挂陈列法**

它是指将无立体感的扁平形或细长形商品，悬挂在固定的或可以转动的专用挂钩上进行展示的陈列方法。悬挂陈列法可以使商品产生很好的立体感，增添陈列的变化，主要适用于服装、鞋袜和一些有孔型包装的小商品，如糖果、文具、小五金等。

**7. 岛式陈列法**

它是指在卖场的进口处、中部或底部，设置特色展台来陈列商品的方法。由于岛式陈列可以使顾客从四个方向看到商品，因此陈列的效果较好。岛式陈列的用具一般有平台、大型货柜、网状货筐或冰柜等。它的特点是用具不能太高，否则会影响整个卖场的视野，同时这种陈列对空间的要求比较大。

**8. 专题陈列法**

专题陈列法，又称主题陈列法，即结合某一节日或活动，集中陈列有关的系列商品，渲染气氛，营造特定环境，以利于某类商品的销售。

# 单元四　连锁门店的服务管理

大部分连锁企业所销售的产品既包括有形产品，也包括无形服务。过去人们比较关注的是有形产品部分，然而不管是何种类型的连锁企业，无形服务所创造的价值都将远远超过有形产品。在零售业高度发达，商品高度同质化的今天，连锁企业只有在规模经济的基础上，以高质量的服务来满足顾客需要，才能形成自身的持续竞争优势。

## 一、门店服务的类型

按照连锁企业服务在销售中所处的阶段可以分为售前服务、售中服务和售后服务三种类型。

**1. 售前服务**

售前服务是指在商品或服务出售之前，连锁企业所进行的各项准备工作。售前服务的主要目的是向消费者传递商品或服务信息，从而引起消费者的购买动机，如连锁餐厅提供的菜单、优雅舒适的环境等；连锁超市提供的商品信息、商品编配、商品陈列与布局等。

### 2. 售中服务

在人员服务的商店中，售中服务表现为服务人员在与顾客交易的过程中所提供的各种服务，如百货公司的商品导购、收银、包装等服务，连锁酒店的接送顾客、提供早餐、办理机票等服务。

### 3. 售后服务

售后服务是指在商品售出后，继续为顾客所提供的服务。连锁店向顾客提供了商品与服务，顾客为此而支付，可以说一次消费已基本完成。但对于一些大件商品或特殊商品，消费者在购买后还可能有一些问题，需要门店提供进一步的服务，如送货、安装、退/换商品、维修、提供咨询或解决抱怨等。这类服务的目的是使消费者满意，进而成为店铺的忠实顾客。

**案例链接6.3**

#### 星巴克的门店服务

1. 售前服务

星巴克在对顾客进行细分的基础上，将咖啡产品系列化和组合化。顾客可以按照自己的口味挑选喜爱的咖啡：口感较轻且活泼、香味诱人，能让人精神振奋的是“活泼的风味”；口感圆润、香味均衡、质地滑顺、醇度饱满的是“浓郁的风味”；具有独特香味、吸引力强的是“粗犷的风味”，由此实现一种“专门定制式”的“一对一”服务。

2. 售中服务

（1）分享式服务。

为了使每一位进店的消费者都成为常客，星巴克对其服务人员进行了深度培训，使每个员工都成为咖啡方面的专家。服务人员可以和顾客一起探讨有关咖啡的各类知识，包括种植、挑选、品尝，还可以分享有关咖啡的文化甚至奇闻逸事，回答顾客的各种询问。顾客会以此为据向自己的家人和朋友讲述，而服务人员也可以借此机会把从顾客身上了解到的喜好和意见反映给公司，从而使公司获得最精准的资料。

（2）自助式服务。

星巴克十分强调自由的风格，因此它采用的是自助式的服务。顾客在柜台点完餐后，可以先去找个位置，稍加休息，也可以到旁边的等候区观看店员调制咖啡。在用品区，有各式各样的调味品和餐具，顾客可以自行拿取。自助服务让消费者摆脱了难耐的等候，并给了他们更多的控制权，让星巴克如此吸引人的正是这份自由的体验。

3. 售后服务

在自助吧台上，星巴克放有邀请顾客提意见的信函，上面写着“让我们做得更好”。只要顾客回函，星巴克都会一一给予答复，并记录在案，并且会适时邀请他们参加公司组织的活动。除此之外，星巴克建立了熟客俱乐部，主要吸引自发加入的会员，通过网络，会员每月都会收到来自星巴克的问候和资料。

## 二、门店服务项目的设计

设计服务项目不仅是指设计服务的单个项目，完整的服务项目设计应包括连锁企业门店所提供的服务项目设计、服务项目质量设计和服务项目价格设计等三个主要问题。

### 1. 服务项目设计

连锁企业应针对具体情况，确定哪些服务项目是目标顾客所期望的适当服务，哪些服务项目是目标顾客所期望的理想服务。如果是适当服务，那就是连锁企业所必须提供的，否则很可能会造成顾客的流失；如果是理想服务，则不必强求，应根据自身条件决定满足与否。当然如果能够提供一定的理想服务，那势必会强化顾客忠诚度，提升连锁企业形象。

### 2. 服务项目质量设计

有些服务项目相同，但达到的服务质量却可能不尽相同。所以提供什么质量水平的服务也是连锁企业所必须考虑的问题，因为服务质量不仅关系着顾客的满意度，而且关系着连锁企业的服务成本。例如，同是提供就餐服务，高档次的连锁餐厅所提供的服务质量一定会高于一般的快餐店，因为二者的定位不同，服务质量的确定要与企业定位和目标顾客相适应。

### 3. 服务项目价格设计

连锁企业要为每个服务项目确定收费情况，是仅向使用服务的顾客收取费用，还是向所有顾客收取费用，或者免费提供服务。不管选择哪种情况，都必须站在顾客角度，给出合理的依据，以免由于收费不合理，将服务优势反变劣势。

## 三、提升顾客服务水平

连锁企业门店顾客服务水平的提升是一件非常复杂、细致，具有探索性、互动性的工作，但不乏一些规律可循。

### 1. 根据顾客需要不断调整服务项目

提供优质服务必须建立在了解顾客的基础上，设身处地地为顾客着想，最大限度地满足顾客的期望。管理者可以通过多种途径了解顾客的需要，如经常与顾客保持接触，定期开展顾客服务调查，建立和完善顾客投诉系统，不定期举行顾客访谈会，以及鼓励一线员工及时反馈顾客信息等。

### 2. 寻找并控制关键的服务点

服务点是指门店提供服务时与顾客产生互动关系的触点。它是门店与顾客接触过程中能够提供服务的交汇点，所以要提升服务质量，就必须确认关键的服务点，并进行不断改进。确定的步骤是：首先，确定在企业服务能力可能提供的范围内，具备哪些服务的触点；其次，确认每个服务触点的吸引力如何，顾客会接触多久；然后，寻找和调查顾客满意或不满意的服务触点；最后，不断改进顾客不满意的服务点的质量，并尽量使其制度化。

### 3. 设计具体可行的服务标准

顾客服务是一种无形的软性工作，会由于提供者的心情、身体状况等因素而受到影响，也会因为服务人员个人素质、经验、训练程度等的差异造成服务水平的差异。因此，连锁企业更应确定服务的具体质量标准和行为准则，而且好的服务标准应该是十分简洁而具体的，如“顾客热线电话总机话务员必须在 10 秒钟之内接听电话”，就显然比“话务员必须尽快接听电话”更具可操作性和可考核性。

**案例链接 6.4**

#### 沃尔玛的三米微笑原则

沃尔玛服务顾客的秘诀之一就是“三米微笑原则”。它是自沃尔玛公司的创始人山姆·沃尔顿先生传承下来的。每当他巡店时，都会鼓励员工与他一起向顾客做出保证：“我希望你们能够保证，每当你在三米以内遇到一位顾客时，你会看着他的眼睛与他打招呼，同时询问你能为他做些什么。”

这就是“三米微笑原则”，它是山姆先生在孩提时就得到印证的原则。他总是雄心勃勃并喜欢竞争。还在他刚进入哥伦比亚州的密苏里大学时，他就下定决心要当上校学生会主席。他曾说过：“我很早就懂得要成为一名校园领袖的秘诀之一就是要首先向对面走来的路人打招呼。我总是直视前方并对每一位向我走来的人打招呼。”“如果我认识他们，我会叫他们的名字；但如果我不认识，我仍然会与他们说话。不久，我就成了学校里认识同学最多的人了。他们认识了我并视我为他们的朋友。我积极参与竞选每一个社团的领导职位。”

山姆先生不仅被当时学校里的所有社团选为领袖，他还将其一贯奉行的哲学带进了零售领域。你每天都可以从世界各地的沃尔玛员工身上看到这一哲学。

资料来源：沃尔玛公司官方网站.

### 4. 由上至下改进服务

顾客服务并不只是运营部门、销售部门的事，而是一项全员性的工作，只有上下同心，相互配合，才能达到完美的效果。

### 5. 妥善处理顾客抱怨

即使是服务最好的连锁门店，也难免出现失误，而所有失误都可能会引起顾客的消极情绪和反应。处理顾客抱怨的步骤包括改变观念，重视顾客投诉；耐心倾听，记录顾客抱怨；真心致歉，平息顾客愤怒；立即处理，了解顾客抱怨的真实情况；再次询问，征求顾客意见；检查原因，改正缺陷等。

## 复习思考题

1. 连锁店铺布局的基本原则有哪些？
2. 对于连锁超市来说，五个磁石点分别位于哪里，应陈列什么商品？
3. 简述商品陈列的主要方法。
4. 理货的工作流程有哪些？如何组织门店盘点作业？
5. 顾客服务主要有哪些类型？连锁门店通过哪些途径不断提升顾客服务水平？

## 案例分析

### “我”是谁——品类陈列学问大

#### 一、“我”究竟属于哪一品类

小张的单位需要接待客人，领导派小张去买一些一次性纸杯回来。于是小张来到大卖场里陈列着各种杯子的地方，在一堆陶瓷杯、玻璃杯中，睁大眼睛拼命寻找纸杯而不得。小张感觉有些沮丧，这时工作人员把他带到了纸制品区。原来，纸杯的供应商往往同时代理卷纸、盒纸等商品，所以超市为了便于管理，就将所有这些商品都归入“纸制品”品类，并排列在了一起。

这种情况并非偶然，现代零售业在组织商品的过程中，一般是首先按照商品特征进行大分类，然后按照制造方法、功能、产地等标准来做中分类，最后再按用途、产地、成分、口味等来进行小分类，并把同一分类的商品陈列在一起。但是，这种分类的指标更多是站在商品或供应商的角度来划分的，给卖场布局带来的影响就是：各个区域的分布也是以商品作为出发点，如小家电区、果蔬区、纸制品区等。如此一来，一次性纸杯和卫生纸放在一起也就不足为奇了。

然而，这种分类法却相对忽略了消费者的心理：购物者才是最重要的。其实，重要的不是零售商认为它属于哪一类商品，而是消费者认为它属于哪一类商品。在消费者心目中，纸杯和玻璃杯、陶瓷杯一样，都属于容器类，满足消费者饮水的需求，就应该陈列在一起。实际上，从杯子这个品类的发展趋势来看，纸杯恰恰是普通玻璃杯的替代品，对那些接待外客较多的单位更是如此。以前，客人对重复使用的玻璃杯的卫生状况总是表示怀疑。如果商品管理者不理解这个道理，就很容易给出错误的陈列指导。

消费者希望便于比较和选择，考虑问题时，首先看它究竟和哪些商品比较像，其潜在的思路是这些商品之间具有直接的替代性。例如，多半购物者习惯于到酒类区购买啤酒，如果将啤酒归入饮料品类，其表现多半不如可乐、果汁等。在做商品的绩效评估时，有些品牌的啤酒很可能被列入待删除单品名单。但是零售商管理着成千上万的商品，有些商品可能没有直接的替代品，所以这就需要考虑它的另一个属性——相关性，即消费者认为它属于哪一类，和什么相关。有人可能会问：我怎么知道消费者把它归入哪一类？一是用问卷，二是用实验。

2000 年初，宝洁公司推出了一个叫“纺必适”的产品，该产品能去除沙发、窗帘等不方便换洗的织物上的异味。这是个全新的产品，消费者对其没有任何认知，零售商在进行归类时也比较头疼。有的认为它类似空气清新剂，便归入空气清新剂品类；有的认为它属于织物护理，便归入家居用品类，放在布艺产品旁边。聪明的零售商则同时在这两个区域陈列“纺必适”，静观消费者的反应，再决定把哪一个作为主要的陈列区。可惜的是，这个产品后来退市了，这与它的陈列难题可能也不无关系。

## 二、同一品类该按什么规则来陈列呢

马上要进入炎热的夏季了，李先生想在卧室装台空调，由于所住的房间不大，而且购买预算不多，所以他计划买一台 2 000 元左右、功率为 1.5 匹的壁挂式空调。李先生在附近的一家电器卖场，看到在空调区有海尔、三星、志高、TCL、美的、格力等品牌，按照品牌布局陈列，同一品牌的产品陈列在一起，每一品牌都有 1 匹、1.5 匹、2 匹等不同型号的柜机和挂机，基本上每个品牌都有针对李先生这种需求的产品。接下来，李先生开始在心仪的几款产品中比较价格、功能、质量等参数，但这几款空调机没放在一起，其间跨度还不小，他不得不来来回回地比较。难道商店一定要按照品牌来陈列吗？

其实无论按照什么规则来设计陈列，都必须围绕购物者的购物便利来进行，考虑消费者是按照什么样的程序来选择商品的，这才是最重要的。例如，购物者在购买婴儿纸尿裤时，会根据自己孩子年龄的大小，优先考虑是买大号的、中号的，还是小号的，然后才会考虑购买哪一个品牌。所以如果你一开始就按照品牌来陈列，会给消费者的选择带来不便，使其在不同的品牌区域之间跑来跑去，就像李先生那样。

有一家外资超市这样设计空调分类：第一级分类是分体式、窗机和柜机等，第二级是按照空调的功率分类。显然，这种分类法更符合顾客的购买需求，有利于分析顾客需求，方便做出调整。在购买产品的过程中，影响购物者做出购物决策的有一系列因素。这些因素有优先层次，也就是说购物者的思维过程是有一个序列的，将其称为“购物者购买决策树”。例如，购买洗发水时，购物者会综合考虑品牌、功能、价格、发质类型等因素，但对购物者的调查表明，74%的购物者会优先考虑品牌，后考虑功能；只有 26%的购物者会优先考虑功能，后考虑品牌。

所以，商家还需要注意的问题有：首先，购买决策过程是下意识的，购物者很难说出其中的步骤，利用调查所得到的购物者声称的购买决策的重要因素，需要经过专业人员的综合分析，才能得到最终结论；其次，不同商品品类有着不同的购买决策过程，如洗发水、纸尿裤和空调，它们的决策就各有特点，且互不相同，其陈列分类也就有所区别；再次，在中国很多品类的购买决策中，品牌都占据着重要的位置，如化妆品、服装、洗发护发品类、口腔护理品类、妇女卫生品类。但品牌并非总是购物者做出购买决定的第一层面，品牌的重要性和所属的品类有很大关系。以洗发水和大米为例，购物者对洗发水品牌的偏好，影响了对产品的选择，而购物者对大米品牌不如对大米产地和大米品质的层面更关心，大米的品牌重要程度就较低。

### 三、不同品类之间还有什么关系

刘女士喜得贵子，但伴随宝宝的到来，一系列麻烦也来了，其中之一就是购买婴儿用品。首先，她来到了一楼卖场的奶制品区，在那里，婴儿奶粉和成人奶粉放在一起；其次，宝宝吃饱喝足之后会小便，纸尿裤是离不开的，但超市将其归入纸制品品类，婴儿纸尿裤和纸巾等放在一起，在二楼卖场的最里面。于是她不得不抱着宝宝辛苦地来到二楼；第三，宝宝还需要……难道这就是时下商店倡导的“一站式购齐”吗？

其实，目前在国外还有一种趋势，就是把品类管理推广到通道管理，把不同的品类混合在销售通道中，这对于提升顾客的购物便利性很有必要。不过，这种混合也是有规律的，人是经验主义的，当他们看到某种事物时，会根据自己的经验、知识进行联想，比如看到皮鞋想到鞋油，看到礼物想到包装纸等。如果将这部分用途相关且目标消费者一致的产品或品类摆放在一起或相邻陈列，就比较容易刺激冲动性购买和连带销售，使顾客在购买商品甲的同时顺便购买商品乙或丙，从而实现附加销售，使几种相关商品的销售量比单独陈列时更高。哪些商品之间有相关性，需要陈列在一起呢？你只要站在要买的东西附近，问问自己：我在这里还想要买点什么呢？那就不难推测出应该在毗邻的地方放些什么了。

资料来源：杨高英．连锁企业经营管理与实务．北京：化学工业出版社，2012.

### 思考题

1．结合案例，说明商品大、中、小分类的技巧。商品分类与商品陈列的关系怎样？
2．不同品类的商品能陈列在一起吗？请说明原因。
3．试总结本案例对你的启示。

## 实训项目

1．假设顾客投诉门店某商品质量有问题，作为店长你该如何处理？

2．观察校园附近的连锁超市，比较其门店布局的异同点，同时总结它们是如何进行商品陈列的，最终提交调查报告。

# 模块七

# 连锁企业的战略管理

**【引导案例】**

### 大荣的经营战略——低利润、快周转

大荣是日本一家庞大的连锁经营超级市场，商品销售能力居日本零售业前列。“低利润、快周转”，即薄利多销，是大荣公司创建以来始终坚持的一条经营原则，也是大荣公司迅速崛起的一个重要因素。

由于薄利多销，大荣公司的商品销售能力大大增强，其商品的年周转率保持在11次以上，实现了从1957年建店以来增长5倍的超高速度。大荣公司的利润率计划，初期是10%的毛利，其中7%用于支出，剩下的扣除薪金和税收之后，纯利为1.5%。后来，工资和其他成本上涨之后，这个计划有所改变。现在毛利是20%，其中18%用于支出，纯利和以前差不多。

为了达到商品利润率指标，大荣公司对商品进行了巧妙的搭配，把商品按毛利率进行分类，有的按成本销售，有的按毛利的5%、15%和20%等不同等级销售，但最终必须达到平均毛利率。对于折价商品，借助广告等宣传力量招揽顾客。大荣把这些用来招揽顾客的商品分为以下三类：一是“超特价”商品，价格十分便宜，往往在开店大减价时抛出或用于同行竞争，其宣传效果和吸引顾客的力量异乎寻常；二是“亏本特价”，厂商或批发商某一方亏本的商品，许多了解行市的人都会争相购买；三是“特价”商品，利润虽小，但还是确保有利可图。

大荣公司还根据商品的性质不同而扩大商品价格变动的幅度。例如，服装类分为“发展新顾客”（战略商品）和“降低价格”（战术商品）两大类。战略商品以时兴商品为主，在店铺里作为主要商品展出；战术商品以价格便宜为主，大量陈列于平台处，供顾客挑选，商品的营业效率大为提高。为了降低商品成本，保证廉价经营和获取利润，大荣公司采取

了下列有效措施：第一，向厂商进行不退货订货；第二，开发“自有品牌”商品；第三，建立海外商品采购网。

资料来源：郭延江．连锁经营管理技术．北京：清华大学出版社，2010.

【学习要点】

- 熟悉连锁企业的经营战略和发展战略；
- 掌握连锁企业的竞争战略和品牌战略；
- 了解连锁企业开发自有品牌的主要方法。

【职业指导】

通过本模块的学习，能够根据连锁企业的目标市场和市场定位，分析连锁企业规模经济，协助制定经营战略、发展战略和竞争战略；能够诊断连锁企业品牌形象存在的问题，并提出针对性建议。

# 单元一　连锁企业的经营与发展战略

## 一、连锁企业的经营战略

经营战略是企业为实现经营目标，通过对企业的外部环境和内部条件的分析而制定的较长期的全局性的重大决策，它是企业组织活动的长期性质的基本设计图。经营战略主要解决企业组织与市场环境相结合的问题。

连锁企业的经营战略是指连锁企业在经营过程中，对经营中的各个环节确定目的标准，制定管理制度，确定经营规模，把握扩张速度，控制产品质量等而制定的长期的经营规划。连锁企业的经营战略主要包括下列四个方面。

### 1. 顾客满意战略

连锁企业的最终消费者是广大的老百姓。顾客满意战略是坚持顾客第一、顾客至上的理念，并始终以消费者满意为宗旨的战略。而且这种顾客第一、顾客至上的理念必须始终贯穿于连锁企业从商品采购到最终销售的全过程。

（1）充分认识顾客的价值。

顾客的价值不在于他一次购买的金额而在于他一生的消费总额，其中包括他对亲朋好友的影响。

（2）充分认识顾客满意的价值。

顾客满意与企业利润存在着因果关系，而且忠诚顾客与企业利润之间的关系更为密切。实践表明，90%以上的厂商其利润的10%由一般顾客带来，30%由满意顾客带来，60%由忠诚顾客带来。

（3）树立“顾客第一”的经营理念。

对于广大连锁店来说，“顾客第一”的经营理念应贯穿于整个连锁经营过程，其中包括产品的设计、生产、运输、采购和销售。

案例链接 7.1

### 沃尔玛的“顾客第一”理念

沃尔玛坚信，“顾客第一”是其成功的精髓。创始人山姆·沃尔顿曾说过：“我们的老板只有一个，那就是我们的顾客。他付给我们每个月的薪水，只有他有权解雇上至董事长的每一个人。道理很简单，只要他改变一下购物习惯，换到别家商店买东西就是了。”沃尔玛的营业场所总是醒目地写着其经营信条：“第一条：顾客永远是对的；第二条：如有疑问，请参照第一条。”

1. 天天平价，始终如一

所有的大型连锁超市都采取低价经营策略，而沃尔玛的不同之处在于，它从进货渠道、分销方式、营销费用及行政开支等各方面，努力实践价格比其他商号更便宜的承诺。严谨的采购态度、完善的发货系统和先进的存货管理是促成沃尔玛做到成本最低、价格最便宜的关键因素。山姆·沃尔顿曾说过：“我们重视每一分钱的价值，因为我们服务的宗旨之一就是帮每一位进店购物的顾客省钱。每当我们省下一块钱，就赢得了顾客的一份信任。”为此，他要求采购人员在采购货品时态度一定要坚决。他告诫说：“你们不是在为商店讨价还价，而是在为顾客讨价还价，我们应该为顾客争取到最好的价钱。”

2. “一站式”购物

在沃尔玛，消费者可以真正体验到“一站式”购物的乐趣。在商品结构上，沃尔玛力求丰富、齐全、富有变化和特色，以满足顾客的各种喜好。凡一个家庭所需要的物品，从服饰、布匹、药品、玩具、各种生活用品、家用电器、珠宝化妆品，到汽车配件、小型游艇等，在这里都能买到。而且商品陈列干净利落，初到美国的人逛超级市场往往找不到所需要的东西，但沃尔玛的标志却很清楚，使顾客在这样庞大的平面空间里也不至于迷路。

3. 特殊附加服务

沃尔玛将糕点房搬进了商场，更设有“山姆休闲廊”，所有的新鲜糕点、风味美食都给顾客在购物劳顿之余以休闲的享受。一次购物满 2 000 元或以上，沃尔玛皆可提供送货服务，收费标准为在指定范围内每次 49 元（因为商品价格中不含送货成本）。

店内聘有专业人士为顾客免费咨询计算机、照相机、录像机及其相关用品的情况，有助于顾客减少盲目购买带来的风险。有些店内还设有商务中心，可以为顾客提供包括彩色文件制作、复印，工程图纸放大或缩小等在内的多项服务。

#### 2. 商业化运作战略

连锁经营必须以商业化运作为主导，完全按市场规则来运作，这对处于生产领域技术变革和现代化的背景下，把顾客满意作为自身经营宗旨的连锁企业来说显得更为重要。商业化运作的措施主要包括以下两个方面。

（1）明晰产权。

连锁企业内部权、责、利必须明确，尤其是连锁企业与加盟者之间的产权要明晰，这是制定商业化战略时所要考虑的重要问题。对于一些原来采用直营连锁模式，后来改为加盟连锁模式的企业来说，这一点更为重要。

（2）按市场运行规律运作。

连锁企业要讲求实用和效率，市场的竞争比较激烈，不实用或没有效率的商业战略不可能成功。坚持市场为主导，即一切跟着市场走，紧紧把握市场的脉搏，才能使企业立于不败之地；追求利润最大化，努力扩大销售，精简物流环节，降低经营成本。

### 3. 规模经营战略

对于连锁经营来说，单品的利润比较低，只能通过规模化的经营才能迅速占领市场，获得利润。连锁规模化战略的主要措施有以下几个方面。

（1）多品牌。

例如家电连锁，可考虑同时引入多个家电品牌。这样，消费者的选择性就比较大。

（2）多品种。

例如鞋帽连锁，可考虑在同一品牌之下，引入多种款式、种类、颜色、尺码的鞋帽。

（3）多地区。

在一个地区成功后，可复制到其他各个地区。

（4）多分店。

在同一个地区的不同街道，可开设分店。

规模化的经营战略，是通过不断扩张实现一定的经营规模，以便降低经营成本，增强连锁企业自身的竞争力。规模经营战略必须是规模经济战略，既要追求开店的数量，又要追求开店的质量，规模不经济是不可取的。如果是有潜力的市场，则可先期投入，放弃短期利益，而追求长期利益。

### 4. 标准化战略

连锁商店经营的标准化战略，是由连锁经营这一模式本身决定的。市场竞争的加剧，顾客需求的多样化，使顾客从对商品的认可转移到对商店、品牌的忠诚，所以标准化的经营可以树立商店的形象进而赢得更多的消费者。连锁经营的标准化，主要表现在以下几个方面。

（1）企业整体形象的标准化。

无论开多少家连锁店，在什么地区开，规模多大，其店面装潢、标志物、甚至员工的服装等都应该统一。

（2）商品的标准化。

每家连锁店出售的商品都要求统一进货，以确保商品的标准化。

（3）商品服务的标准化。

包括定价、促销、广告等都要执行统一的标准。

## 二、连锁企业的发展战略

连锁企业的发展战略主要是指连锁企业在经营过程中，根据企业特点和经营模式，针对连锁企业发展过程中的发展资金、发展方向、发展方式、发展速度、风险规避等问题制定的一种连锁企业战略。俗话说“不进则退”，企业的发展战略对连锁企业来说同营运战略和竞争战略一样重要，是企业经营战略里不可缺少的一部分。

连锁经营作为企业一种集团化、规模化生存和发展的经营组织形式，发展和扩张是它生存的动力。但制定连锁企业的发展战略，必须首先对连锁企业及其外部环境进行评估。在实践中，不同的连锁企业选择的发展方式、发展模式都是不同的。因而在制定连锁企业的发展战略时，要具体问题具体分析。一般来讲，连锁企业的发展战略主要有以下几种类型。

### 1. 资本战略

连锁店要扩张，需要大量扩张资本。连锁店可以用自己经营的积累作为扩张资本，但如果仅靠创业者自身和企业的积累，则扩张的步伐太慢。扩张资本的来源一般来说有四种：一是通过股票筹资和股票上市；二是举借外债；三是风险投资；四是兼并、重组和合作。

### 2. 方向战略

方向战略主要涉及品牌的选择和区域的选择。如果某品牌市场已高度饱和或某品牌成长已无潜力，则可以考虑向其他品牌扩张。至于区域选择，这里取决于两个因素：一是所要扩张区域的市场情况与竞争水平；二是连锁体系的分店分布（布点策略）与其扩张区域联系是否紧密。

### 3. 方式战略

方式战略主要有三种：第一种是自身不断开出分店，也就是直营扩张；第二种是兼并，通过对小型连锁商店或独立零售商实施兼并以扩大连锁规模；第三种是特许加盟。对于连锁企业来说，第一种方式需要比较雄厚的资金实力，最好要有自己的生产体系和营销渠道；第二种方式相对来说比较少用；第三种方式应用最广，尤其是一些专门做品牌代理的连锁企业多采用这种方式。

### 4. 速度战略

连锁企业的扩张速度应根据具体问题而定。连锁经营的扩张速度不宜过快，否则会导致资金供应紧张，债务负担过重。特许连锁由于成本低，扩张速度可以稍快一些。扩张过快会导致新开门店的质量下降，如果企业管理水平和各方面保障跟不上，会引起企业一系列不良反应，所以最好选择稳扎稳打，开一家成功一家的策略。

# 单元二　连锁企业的竞争与品牌战略

## 一、连锁企业的竞争战略

连锁企业的竞争战略是指连锁企业在经营中突出自己的优势，弥补自己的竞争劣势，抢占市场，克制或回避竞争对手的企业经营战略。连锁企业的竞争战略通常包括成本领先战略、标新立异战略、目标集聚战略等。

### 1. 成本领先战略

成本领先战略的核心是较低的经营成本或费用。它要求企业必须确保以低价购进原材料，采用先进的技术设备，建立高效率的生产经营体制，努力降低各种费用。对于连锁企业来说，成本控制的关键在于采购、物流等环节。如果一个企业能够以规模经济或成本优势的形式筑起壁垒，成为连锁业中的成本领先者，它就能够应付现有或潜在竞争对手的攻击。成本领先战略最终表现为产品价格的降低。连锁企业之所以可以以价格为竞争优势，关键在于连锁经营可以有效地降低成本，如日本大荣连锁店的经营宗旨是“大量廉价销售优质商品”，其核心在于“廉价”。

**案例链接 7.2**

**麦德龙——C&C 制，助力成本降低**

麦德龙是国际上最大和最成功的“C&C”制企业，C&C（Cash & Carry）制中的 Cash 指的是现金结算，即顾客用现金购物，工厂用现金结算供货，结算时间一般为 1 周至 30 天。Carry 为自运自送，即商品由工厂送货上门；客户自己带车购货，超市免费提供 600 多个车位。

这种方式在降低成本方面的作用体现在以下三个方面。

（1）降低资金占用。商品在供应商、麦德龙、买方三者之间能以最低的成本和最少的资金占用时间完成流通，从而减小风险。

（2）降低采购价格。现金支付和借助麦德龙巨大的销售网络出售商品，对于供应商是一种极大的便利：一是货出款到，利于厂家回笼资金投入再生产；二是可依托麦德龙通向广阔的市场，有利于均衡生产；三是可节约本单位拓展市场的人力和物力。因此，供应商愿以较低的出厂价提供商品。

（3）降低商场的运输成本。公司不设配送中心，厂家直接送货到商场，商场不需要到厂家提货和向买方送货，减少了运输支出和服务成本。同时，沿高速公路开设商场，利用便利的交通条件减少厂家的运输成本和买方的采购成本，体现了良好的互利合作理念。

资料来源：辜校旭. 麦德龙在中国的竞争战略. 中外管理，1999.

2. 标新立异战略

标新立异战略也称为差异化战略。该战略的核心是“特色”，即连锁企业通过特色化经营使自己的商品或服务不同于竞争对手，从而赢得消费者。如果一个连锁企业通过标新立异战略为自己在行业内建立起一个独具特色的市场地位，那么它也可以有效地保护自己不受或少受竞争者的攻击，如麦当劳的点餐和供餐速度、肯德基的本地化口味等都独具特色。

连锁企业实施标新立异战略需要深入了解市场竞争状况，为企业准确定位。企业的定位不单指产品，而是指不同于其他连锁企业的市场地位或形象。企业需要研究市场竞争是围绕什么进行的，这是实行标新立异战略的根本点和出发点，这需要对企业的优、劣势进行分析。

实施标新立异战略还需要全方位地了解顾客需求，组织全面服务。标新立异战略必须围绕顾客需求最集中的部分进行。如果把顾客需求最敏感的部分称为需求核心，那么企业实行标新立异战略的关键，就是要把顾客的需求核心作为根本来对待。如果大多数企业都看到了需求核心，那么需求核心就要转移为非需求核心了。

此外，还要进行企业形象设计，宣传企业形象。连锁企业选择了标新立异战略，就要根据自己将要树立的形象进行塑造和宣传，做到深入人心，使自己的连锁企业给消费者一个耳目一新的形象。

案例链接7.3

**麦德龙的差异化战略**

仓储式超市实际上就是以零售的方式来从事批发业务，超市既是服务中心又是批发配送中心，这种差异化的市场定位使麦德龙成为专业客户的超级仓库。

1. 有限的目标顾客

不同于绝大多数普通超市的无差异消费群，麦德龙主要针对“有限”客户，即只针对工商领域的经营者、群体消费层实行会员制，会员必须是具有法人资格的企事业单位。

2. 直邮广告促销

麦德龙超市一般不通过大众媒体进行广告宣传，而是利用直邮广告进行促销。每两周会向所有会员邮递一份“麦德龙邮报”，这是一份详尽的全彩页商品目录，介绍最新商品价格、新增商品以及近期开展的促销活动等。这不但可以使会员及时了解商品信息，而且能够提高客户采购的透明性，帮助企业有效降低采购成本。

3. 特色化商品营销

麦德龙不单纯以价格低廉吸引顾客，而是从商品入手，以独家商品、特色商品及自有品牌商品吸引顾客。在每个麦德龙卖场都有一些诸如奶酪、吉士、黄油、咖啡、咖喱粉等特有的进口商品和一些跨地域的特色商品。它的自有品牌商品除了日常生活用品之外，甚至还涉及五金工具等。

4. 企业套餐服务

麦德龙利用“顾客节”表明对小型工商业户的重视，重申以顾客为合作伙伴，与顾客共同发展的服务理念，从而赢得了顾客的好感和信任。2000 年 4 月，上海麦德龙举行的“顾客节”活动，推出了 10 份为工商业户提供的具有专业水准的商品“套餐”——让它们“用最少的钱，配最全的货”。这其中有为小型装修队提供的选配电动工具和手动工具的商品建议清单，有为小型餐饮业准备的各种套餐餐具，还有为企事业单位准备的福利套餐的商品建议目录等。

#### 3. 目标集聚战略

目标集聚战略也叫集中化战略。该战略的核心是细分市场，即连锁企业通过集中其全部力量满足某个特定的顾客群、某产品系列的一个细分区或某一地区市场的方式，为自己建立起一个良好的竞争战略体系。

目标集聚战略的优点有：能够通过目标市场的选择，帮助连锁企业寻找市场最薄弱的环节；避开与势力强大的竞争者正面冲突，因此特别适合于那些势力相对较弱的连锁企业；能够凭借有限资源，以更高的效率、更好的效果为特定客户服务，从而在较小范围内超过竞争对手。

集中化战略包括地区集中战略、顾客集中战略和产品与服务集中战略三种。

（1）地区集中战略是指连锁店集中资源于特定地区内开店，可以使有限的广告投入、配送能力在该区域发挥作用，从而使连锁店在特定区域内站稳脚跟，稳定地占有该区域内的市场，获得地区范围内的竞争优势。

（2）顾客集中战略实质上是连锁店把主要资源集中在特定的顾客群，把他们作为诉求的对象，调查和了解他们的主要需求，针对他们的需求提供有效的产品与服务。

（3）产品与服务集中战略是指主要经营一种或一类产品或服务，适合于专业店、专卖店。这一点在餐饮业表现得非常明显，如麦当劳和肯德基，正是在产品与服务上的集中才形成了专业优势，才能推行标准化作业。产品与服务的集中使连锁工作人员可以成百上千次地做一件事情，即不用培训，单凭熟能生巧也能提高其效率。

## 二、连锁企业的品牌战略

连锁企业必须拥有品牌。品牌的知名度越高，其影响力就越大。但一个企业仅有品牌是不够的，还必须拥有正确的品牌战略，从而使品牌不断创新发展。通过连锁可以使品牌这一无形资产不断扩大，可以使品牌市场化。那么，什么是品牌呢？美国著名的营销专家菲利普·科特勒给品牌下的定义是：品牌就是一个名字，称谓、称号，或设计，或是上述的总和，其目的是要使自己的产品和服务有别于竞争者的产品和服务。著名品牌相对于非著名品牌具有更大的市场范围，拥有更多的顾客群，市场表现更突出，具有更强大的竞争优势。

连锁企业品牌战略的类型有以下几种。

#### 1. 品牌发展战略

连锁企业的产生、存在和发展靠的是品牌，品牌发展战略就是使品牌从小到大成长的战略。一般来讲，一个品牌的发展要经历新品牌—上升品牌—领导品牌—衰退品牌这样的循环过程。新进入市场的品牌，消费者对其认知还处于薄弱状态，因此其知觉优势较低，且导入之际虽有活力但还不足；新品牌经历了一段时间以后，无论其活力还是消费者对该品牌的知觉优势都在上升，这时它就成为上升品牌；当上升品牌获得竞争优势后，更具有活力，也拥有了大多数消费者的知觉优势，就会成为一个领导品牌；领导品牌如果失去活力，消费者知觉较为薄弱后，这种品牌就成了衰退品牌。品牌发展战略需要具备以下几个条件。

（1）良好的品牌力。

品牌力就是某一品牌所特有的品牌形象，对消费者购买决策的影响程度。任何企业在拟定品牌发展战略之前，都必须对自己品牌的影响力做出评价。在对品牌影响力进行评价时，应特别关注形成品牌影响力的两大要素——品牌活力和品牌知觉优势。这两大要素的特点和含义如表 7.1 所示。

**表 7.1　品牌影响力两大要素的特点和含义**

| 品牌影响力要素 | 特　　点 | 含　　义 |
|---|---|---|
| 品牌活力 | 差别化 | 消费者认为该品牌具有的特色 |
| | 适宜化 | 消费者认为该品牌对自己的生活有重要的意义和作用 |
| 品牌知觉优势 | 尊重感 | 消费者对品牌评价较高，有信任感 |
| | 亲近感 | 消费者对品牌熟悉而且有较深的理解 |

只有品牌形象不断上升的品牌或成名品牌，才可以通过连锁模式实现自己的价值转移和扩张。

（2）要有发展资本的支持。

品牌要扩张，就必须有一定数量的资本，以解决扩张所面临的资本来源问题。连锁店仅以自己创业经营的积累作为品牌扩张的资本来源是远远不够的，还应该通过其他渠道进行资本筹措。

（3）要保持品牌发展速度。

品牌，特别是知名品牌与连锁之间有着密不可分的联系。没有品牌的连锁就没有根基，品牌对连锁具有吸引力和凝聚作用。要实现企业的战略扩张，实现加盟连锁，就要靠品牌的威力。所以，没有响亮的牌子，连锁也就无从谈起。但是，作为一个企业在这方面不能急于求成，否则会适得其反，甚至会给企业带来产品质量下降等一系列不良影响。因为创造品牌，特别是知名名牌、驰名商标是很难的，一般需要几年、几十年，甚至上百年的时间。这就是说，企业创造品牌一是要有紧迫感，不可忽视品牌的重要作用；二是保持一定的速度去推进，不能操之过急。

### 案例链接 7.4

**北京雪亮眼镜连锁店的品牌战略**

北京雪亮眼镜有限公司是从事专业验光配镜的连锁企业。公司创办于 1987 年，现在已有上百家连锁店。

任何知名品牌的形成，都不是一蹴而就的，尤其是服务性品牌，靠一时的炒作是不可能发展起来的。“雪亮”的品质卓越，绝非偶然，在“雪亮”的品牌背后蕴涵着通过多年努力形成的特有的品牌文化、鲜明的品牌个性、一流的服务水平。在成立之初，“雪亮”的创始人乔良先生确定以“雪亮”为商号和品牌名，其创意是通过“雪亮”两个字体现双重含义，一是从“雪亮”联想到眼睛，再到眼镜，反映出公司的业务范围和所属行业；二是以“雪亮”一词隐喻“雪亮”的购物环境明亮，服务质量一流，富于活力并有新意。在初期的发展过程中，“雪亮”导入了热情服务顾客的思想，不断创新服务方式，从送镜上门到为进店的消费者递上一块糖、端上一杯茶等，在业内都是开先河之举。在此基础上，首先明确了品牌的定位——“年轻、时尚、个性”，目标顾客群以中青年白领人士为主；其次，“雪亮”统一了企业形象，坚持品牌战略，实行统一的店面形象、统一的工装、统一的礼仪规范、统一的店内用品等，不断创新营销形式，树立品牌形象；最后，选择了以连锁专营店为主渠道的经营模式，既避免了“店中店”的弊端，又通过遍布京城的战略布局直接扩大了品牌的知名度。

#### 2. 品牌强化战略

目前，许多企业已经认识到形象是企业真正所依赖的不能量化的重要因素。品牌建设成功与否，一定程度上是产品或服务质量的反映。因此在建立品牌时，首先要做到的是企业所提供的产品或服务和对手的产品或服务不相上下。但要使产品或服务显示超过竞争对手的优越性，单靠质量和性能是不够的，必须依靠品牌效应，因为品牌能够创造长期有效的差别优势，从而给企业带来长久的发展。所以，当品牌具有了一定活力，但还没有取得消费者认同地位的时候，企业应广泛开展建立品牌形象的一系列活动，如广告宣传，公共关系，社会营销，体现企业个性，简化购物决策，全程服务等。

#### 3. 品牌延伸战略

一项针对美国超级市场快速流通商品的研究显示，过去十年来的成功品牌（成功的定义指销售额达 1 500 万美元以上），有 2/3 是属于品牌延伸的，而不是新品牌上市。这就可以看出品牌延伸在企业发展中的重要地位。在品牌慢慢地得到消费者的认同阶段，但欠缺营销活力时，企业应有计划地导入新商品，以求品牌的活性化，加强消费者的偏好。一个企业要想长期占有较大的市场份额，只进行一种产品生产，只提供一种服务或只采用一种经营方式是不可能达到目标的，采用多种经营方式或进行多种生产和服务是企业生存和发展的必由之路。品牌延伸的好处，主要有以下几点：

（1）如果有一个坚强、灵活的母品牌，新产品上市就不必再去起一个新的品牌名，可以节约新产品的市场导入费用；

（2）能丰富品牌旗下的产品线；

（3）品牌可获得更高的知名度和注目率；

（4）有助于品牌资产与价值提升，进而树立行业综合品牌；

（5）同一品牌旗下的不同产品在各自市场上取得成功的美誉相互呼应，有助于提升品牌形象。

#### 4. 品牌再生战略

消费者虽对某些品牌形象有认同和尊重感，但这些品牌近几年来已经欠缺活力，如果不采取强化动作就会持续衰退，因此，必须采取措施以使品牌获得再生。品牌再生战略主要包括以下几个方面。

（1）品牌的重新定位。

品牌的重新定位，即改进人们对品牌的认识或者转移品牌的目标市场。品牌重新定位的原因很多，如连锁企业或品牌的形象不佳；连锁企业或品牌形象模糊、不鲜明；竞争者逼近或抢占了品牌地位；消费者的偏好发生了变化；公司战略转向；公司转向新的目标客户群等。

（2）创新策略。

如果由于产品不适应市场需求，而导致品牌欠缺活力，那么，就应该进行产品创新和技术创新，开展营销活动，提供满足消费者需要的产品。

（3）品牌的宣传推广。

这对于品牌的扩大有重要的影响，虽然宣传推广的方式不同，但其目的是一致的。如果一个企业过去经常搞推广活动，而现在无声无息，则会让消费者联想到这个企业可能发生了什么问题，所以经常采用品牌提醒策略，对连锁企业来讲有现实意义，如苏宁连锁店每个双休日都会搞各种促销活动，进行媒体广告宣传等。

（4）设计新形象或面貌。

常见做法是给老品牌换个新的标志。改换标志有两种选择：彻底改变和逐步改变。两者各有利弊，后一种方式较为稳妥。

（5）品牌延伸和扩展。

即通过延伸的产品或服务再塑品牌。

**案例链接7.5**

**马兰拉面的品牌新形象**

在马兰拉面的发展过程中，品牌战略始终被视为重中之重。马兰拉面自推广伊始便斥资导入企业形象系统（CIS）设计，营造“千店一面”的品牌效应，树立起了极富个性化的品牌形象。2000年马兰拉面又进行了一次全面的升级换代，推出了全新的2.0版马兰店面。新店全部使用自己研发的厨房设备，增加了卫生间，软、硬件水平都上升到了一个新的层次。此次，马兰公司计划以后把新店朝主题化的店面方向发展。主题店面形象主要通过店面的附属装修设计来实现，如饰物、墙面、大厅等，从而形成最能体现中国文化特色的中式国际化快餐形象，如马兰的莫高窟店、长城店、皇城店等就是这类主题店的典型代表。

#### 5. 自有品牌战略

自有品牌营销战略是连锁企业通过收集、整理、分析消费者对某类商品的需求，提出新产品或新服务项目的设计开发要求，选择合适的生产企业进行开发生产或自行设厂生产制造（或提供服务），最终在本企业内以自有品牌进行销售的战略。自有品牌在国外已有几十年的历史，目前日益受到连锁企业的重视，尤其是大型零售连锁企业。

（1）连锁企业自有品牌的运作方式。

连锁企业自有品牌的实践分为委托定牌生产和自行设计加工两种方式。这两种方式各有优缺点，商家宜根据自身情况选用适合自己的运作方式。

① 委托定牌生产。连锁企业拥有品牌的所有权，而把生产加工权转让给所选定的厂家，厂家按其提供的信息进行加工的生产方式称为“委托定牌生产”。这种生产方式的优点在于，避免了自行建厂的巨大的投资，为连锁企业的资金运转减轻了压力；同时，被选定的厂家一般会按合同要求，严格把关，产品质量相对较高。缺点在于这种合作关系是较为松散的，双方保持良好沟通的难度较大，不能形成真正的利益共同体。

② 自行设计加工。自行设计加工是整个生产全部由连锁企业自行运作的方式。其优点在于零售商从商品流通跨入生产领域，实现多元化经营，降低经营风险，获取更大的利润。此方式中连锁企业与生产厂家因隶属同一企业，能充分形成协调合作关系，在企业的统一调配下，商品流通过程趋向简化，从而降低流通费用及消耗；在价格上，更易掌握主动权。缺点在于连锁企业一次性投资较大，多元化经营具有一定风险。

（2）自有品牌营销战略优势。

与制造商品牌相比较，连锁企业自有品牌营销战略有其竞争优势。

① 信誉优势。敢于使用自有品牌的零售商业企业往往有良好的声誉和企业形象。零售商品牌的魅力来自于零售企业的良好商誉，商誉恰恰是商业企业的一笔巨大的无形资产，好的商誉在商业竞争激烈的时代将是吸引消费者趋之若鹜的金字招牌。零售商开发的自有品牌，在生产、流通过程中，原则上可杜绝假冒伪劣，保证商品纯正，从而更易赢得消费者信任。这种优势是单纯生产企业所无可比拟的。

② 价格优势。零售商品牌战略的成功，最大优势在于可掌握商品的自主定价权，使商品价格大大低于其他生产企业同档次商品的价格。从西方发达国家的实践看，零售商品牌要比一般厂家同类商品价格低20%～30%，因而在价格上很有号召力。其原因在于：第一，零售商掌握从生产到销售的全部环节，省略了中间环节，简化了流通程序，从而降低了流通成本；第二，零售商产品品牌大多采用与零售商同名策略，借助其商誉提高品牌影响力，从而节省了广告宣传费；第三，大多数零售连锁店，往往是大批量进货，易形成规模效应，从而进一步降低成本。

③ 特色优势。使用制造商品牌的商品，通常各零售企业都可以经营，这使得各零售企业在所经营的产品品牌上的差异日趋缩小。“走一店等于走百店”，从而造成零售企业在经营上雷同有余而特色不足，加剧了竞争的激烈程度，甚至出现了过度竞争。而实施自有品牌营销战略，大型零售企业首先要根据自身的实力状况、竞争者的市场地位、目标市场的需求特点来确定自有品牌商品在市场中的地位。品牌定位一旦明确，企业的经营特色自然水到渠成。另外，零售企业的自有品牌与制造商品牌的最显著区别在于零售企业的自有品牌只能运用于开发商品的企业，其他企业不能使用。因此，在使用自有品牌的同时也就把本企业的经营特色体现出来了。

④ 领先优势。市场营销的核心是把握、满足消费者的需求。由于零售商直接面对广大

的消费者，能比较准确地把握市场上消费者的需求特点及变动趋势，从而可根据消费者的需求特点来设计、开发、生产、组织商品，这就使自有品牌的商品比非自有品牌的商品更能快捷地体现市场需求，在市场竞争中处于先发制人的有利地位，掌握竞争的主动权。

## 复习思考题

1. 连锁企业的经营战略有哪些具体内容？
2. 连锁企业的发展战略有哪些？
3. 举例说明连锁企业基本的竞争战略。
4. 连锁企业的品牌战略有哪些类型？
5. 连锁企业如何发展自有品牌？

## 案例分析

### 永乐跨半径的五个决策失误

前家电连锁企业三强之一的永乐被国美收购是2006年中国企业界的一件大事。永乐为什么会出现财务困境，最后被收购的原因几何可谓众说纷纭。但是最核心的一个问题，就是永乐的跨半径战略的失败。

永乐跨出上海的经营失败是典型的连锁企业跨半径经营战略失败。跨半径战略经营的难题一向是连锁经营企业的难题。一般来说，跨半径战略经营主要指连锁经营企业跨越现有市场，迈向另一个资源、人才和地位都相对比较陌生的区域开辟新的市场来经营。主要分为两种：一种是跨越现有城市转向全国性区域的经营，如永乐试图从大本营上海走出去，实现跨越；另一种则是从一国市场迈向国际市场的经营，即国际化经营，如沃尔玛走出美国的国际化经营。连锁企业跨半径经营战略往往会出现的问题是：企业在跨越现有半径之后，竞争优势几乎消失，单店赢利能力急剧下滑，以至于影响原有市场的经营，导致公司的整体财务出现问题。

沃尔玛在精耕细作美国市场二十余年后，跨越其自身半径走向国际市场，开始了其国际化的经营，但其在新市场也出现了种种经营问题。例如，在中国市场，沃尔玛的物流和IT优势就不能凸显出来，这就是典型的连锁跨半径战略经营在区域市场“失灵”的问题，导致其在中国市场单店经营业绩较其本土市场差距甚远。虽然面临了一些失败和困难，但仍旧不能否定沃尔玛跨半径战略经营所取得的一些成绩和经验，值得中国企业好好学习。

连锁企业的跨半径战略经营，绝不是把店铺在新的市场开出来那么简单，也绝非单凭雄伟计划就可一蹴而就，同样也不能仅靠数量的递增和随意的决策，它需要做好以下几个题目的决策。

第一，有针对性地选择市场。通过认真分析，遴选适合进入的市场。例如，永乐进行跨越半径的市场经营时，选择进入北京，实际上不是一个明智的做法。因为北京的竞争非常激烈，而且已经有两强争霸，假如选择相对竞争不激烈的市场，对于永乐而言，情况可能就会好些。

第二，选择打入市场的方式。进入新的跨半径市场后，连锁经营是特许，还是直营；是采取合资，还是收购，或是独资经营？这些都是需要斟酌的。1994 年，沃尔玛完全通过团体收购进入加拿大市场。这一选择的合理性主要来自三个方面：首先，加拿大是一个成熟市场，从头开始创建自立的经营体系无利可图，增添新的商店只会加剧当地已经十分激烈的竞争；其次，美国与加拿大市场在收入和文化等方面情况极为接近，所以沃尔玛几乎不用积累哪种新经验；另外，当时的加拿大市场上恰好有一家经营不善的零售商 Wool co，完全可以低价收购。在进入墨西哥市场时，沃尔玛考虑到美国与墨西哥市场在文化和收入等方面差异较大，所以采取了合资的方式。

第三，复制与连锁经验。连锁经营从某种意义上来说，就是数字游戏，不断进行复制。跨越半径的经营会使企业的复制游戏难度加大，这就需要连锁企业在有针对性地进行文化复制的同时，也要进行本土化。永乐在迈出上海经营后，在一些区域的经营在许多文化上并不适合当地的氛围，所以一些当地门店的员工和管理人员并不认可这种文化，这也是企业复制的失败所在。

第四，连锁企业跨越半径的发展速度是否能够跟企业的资源进行匹配。我们每每看到，许多企业在跨半径战略经营时，企业本身所具有的资金、资源以及人才并不能满足企业跨半径战略经营的能力需要，这个时候，就导致了企业跨半径战略经营的失败。

第五，针对跨越半径的新市场，有针对性地选择产品。例如，中国南方和北方的文化差异就很大，上海和西安的消费特点就有很大差异。对于连锁企业来说，不管是家电连锁还是其他连锁，都要针对当地的消费者选择产品。例如，北方人喜欢大冷藏、小冷冻的冰箱，而南方人则正好相反。

假如国美和永乐都能够真正解决以上五个问题的话，那么国美走出中国市场，进行国际化经营为时不远；而永乐能顺利走出上海市场，被收购的可能性也就基本为零了。

资料来源：杨高英．连锁经营管理与实务．北京：化学工业出版社，2012.

**思考题**

1．连锁企业的跨半径战略指的是什么，包括哪些形式？为什么说连锁企业跨半径战略稍有不慎就会导致失败，其原因是什么？

2．试分析永乐电器扩张失败的原因。

3．连锁企业想在实现跨越发展之时，立于不败之地，需要做好哪些修炼？

## 实训项目

1．选一家自己比较熟悉的连锁企业，对该连锁企业的经营战略进行分析，并撰写一份分析报告。如果你认为该企业的经营战略存在问题，请给出你的建议。

2．以小组为单位，虚拟一家连锁企业，制定其竞争战略。

# 模块八
# 连锁企业的管理系统

【引导案例】

**京客隆——创新生鲜食品配送**

北京京客隆商业股份集团有限公司创建于1994年，是一个投资主体多元化的大型商业集团，主要从事日常消费品的流通业务。为了解决京客隆超市生鲜类商品的加工配送问题，形成标准化、一体化、规范化的经营模式，集团建设了大型的多功能生鲜食品配送中心。它们的创新体现在以下几个方面：

（1）生鲜食品配送中心完全按照国际化的建设标准进行设计并施工；

（2）中心设有蔬果加工车间、肉品加工车间、季节性冻品配送车间及日配品中转车间；

（3）中心设有专门的食品安全卫生控制部门，负责对各类生鲜产品进行检测；

（4）生鲜食品配送中心凭借其“细、净、鲜”的管理理念，向为北京市民提供“安全肉、放心菜”的方向不断努力。

生鲜食品配送中心的建立，成功实现了食品冷链所要求的加工、储藏和运输的功能，从真正意义上对肉类进行了排酸加工处理，明显提高了产品的品质并延长了保存期限。

资料来源：中国连锁经营协会. 零售创新案例. 北京：中国商业出版社，2005.

【学习要点】

- 掌握连锁企业物流管理系统的作用与运作模式；
- 了解连锁企业的POS系统与MIS系统；
- 熟悉连锁企业的人力资源管理系统；
- 了解连锁企业的财务管理系统。

【职业指导】

通过本模块的学习，能够根据连锁企业的用人政策合理组织人员招聘；能够根据连锁企业的类型初步设计配送中心的模式及规模。

# 单元一　连锁企业的物流管理系统

## 一、连锁物流的基本概念

### 1. 物流的概念

物流是物资商品流通的简称，是物质资料从供应者向需要者物理性移动过程中创造时间价值、场所价值、加工价值的经济活动，具体包括了运输、仓储、包装、装卸、搬运、配送、流通加工和信息处理等功能。

### 2. 连锁物流的概念

连锁物流是指连锁企业中的物流活动，是物流运营与连锁经营的结合，也是物流活动在流通领域的一个主要应用。就连锁物流的运作内容来看，可以将连锁物流定义如下：连锁物流是指连锁企业从商品采购到商品销售之间的商品移动过程，是与商流、信息流和现金流并列的四大连锁经营机能之一。

## 二、物流在连锁企业中的作用

连锁企业的经营方式决定了它是以连锁总部集中控制商流、信息流和物流三大系统为前提条件的，其中合理安排物流，组织统一送货是连锁经营的必备条件之一。物流活动在连锁经营中占有重要的地位，它不仅是连锁企业降低成本、获取利润的主要源泉，而且还是一些大型连锁企业的核心竞争力。

在连锁经营中，物流系统主要起到商品集散及带动商流、信息流、现金流三流运转的作用，它通过商品的集中采购、集中储备和统一配送，成为连锁经营市场供应的保障系统，也是连锁企业运作的基础。连锁物流不仅具有一般物流活动的价值功能，而且在连锁经营中还具有其特殊性。

### 1. 保障连锁经营规模效益的实现

由于连锁企业所属的店铺点多、分布面广，在进货的品种、数量和时间上也不完全相同，因此连锁经营的机制需要高效率、低成本的物流系统的支撑。连锁企业通过配送中心把厂商或批发商供应的商品储存分装，送货上门，把分散的实体储运活动转变为系统的物流活动，协调产、供、销联系，缩短中间环节，使适销对路的商品在规定时间内以适当批量送达分店，实现连锁经营的规模经济效益。

**2. 强化门店的销售功能**

对单个门店而言，所必需的商品采购（包括采购品种、采购时间、供应商选择等）、商品储存及库存管理等职能都被连锁物流系统所承担，通过统一配送将必要的商品，以必要的数量，在必要的时间送到门店，这一方面降低了连锁企业中门店在后勤辅助职能方面的成本支出，另一方面通过对后勤辅助职能的剥离，强化了连锁经营的专业化分工，突出了门店的销售职能，简化了门店的运作管理程序，使门店能够充分把握销售时机，最大限度地实现销售目标，满足顾客的消费需求。

**3. 减少分店库存，加快资金周转**

由于商品的储存及运输职能均由配送中心承担，分店只需要根据销售情况提出要货计划，所需商品大多能及时送达，分店存储的只是少量即销商品，因此可以大大减少各分店的商品库存量与流动资金占用量，加快资金周转，提高企业经济效益。

## 三、连锁企业物流的运作模式

目前连锁企业的物流模式主要有：连锁企业的自营配送模式，横向协同与纵向协同的共同配送模式，外包第三方物流企业的配送模式。

**1. 连锁企业的自营配送模式**

连锁企业的自营配送是指连锁企业自建物流配送中心，并对中心直接进行管理操作，从而通过配送中心对所辖门店网点进行商品配送等物流活动。自营配送模式如图 8.1 所示。

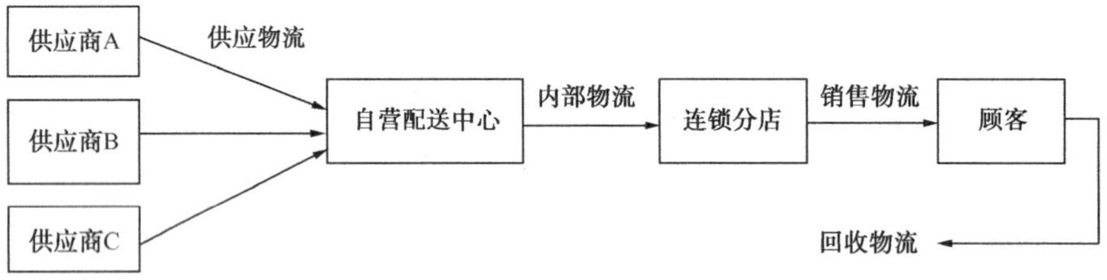


图 8.1　自营配送模式

连锁企业自营配送中心可以根据企业的发展战略和实际运作需求，为本企业连锁店铺提供更加灵活、方便的配送服务，享有较大的自主权和自由度。自营配送能维持和加强企业的市场地位和运作效能，并能逐步建立和培养连锁企业的核心能力，具有一定的战略意义。但自建物流配送中心需要较大的建设资金、较高的运作成本和配送管理能力，因此适用于规模较大的连锁企业，以保证配送中心具有相应的配送经济规模。

案例链接 8.1

**自营配送——苏宁电器的配送服务**

苏宁物流体系以南京江东门中央仓库为大本营，投资建成了占地约 26 667 平方米的中央立体式物流中心，在苏南、苏北、北京、广东等地区设立了十多个二级中转库，苏宁连锁网络内企业间主干物流及连锁店最后一千米配送服务全部由苏宁自有输送能力完成。经过十多年的磨炼和积累，苏宁拥有了优秀的物流管理队伍，同时拓展了全国 ERP（Enterprise Resource Planning，企业资源计划）系统的物流网络，计算机网络系统随时监控、管理库存和了解物流状态。由于拥有了设计良好的物流系统和强大的物流网络，苏宁实现了运输、储存、配送、装卸、保管、信息等的实时控制和运作，从而降低成本，优化库存结构，减少资金占用量；准确、及时的物流信息将使物流配送的速度更快，有效减少库存。正因为有了物流系统强有力的支持，苏宁的顾客反应能力才更高、更快，从而为顾客提供更方便、更快捷的服务。从采购到销售，苏宁的物流系统都属于“动力密集型”，但苦心经营的 ERP 系统提高了整个集团的效率。与很多企业相比，苏宁的物流系统更类似于“特快专递”。

### 2. 横向协同与纵向协同的共同配送模式

由于不同企业的规模和经营差异，出现了基于优势互补、共同协作以应对市场压力的共同配送模式，根据合作对象的不同，主要分为下列两种形式。

（1）横向协同的共同配送模式。

横向协同的共同配送是指一些具有自营物流配送中心的连锁企业利用自身较强的物流配送能力，承担一定的社会化配送业务，即向中小零售企业提供商品配送服务，通过扩大配送服务对象的范围，开展商品配销业务。在此过程中，企业不仅提高了配送中心的运营效率，还能够急剧扩大商品销量，获得更大的批量价格优势，同时企业的配送中心有逐渐与零售主业剥离，向社会化、专业化的第三方物流转移的趋势。横向协同的共同配送模式如图 8.2 所示。

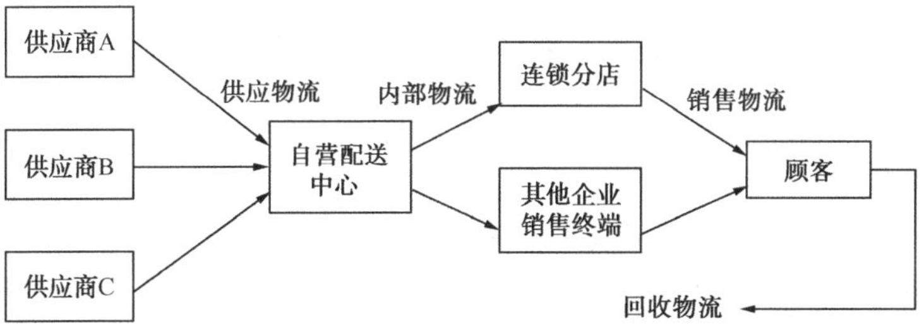


图 8.2　横向协同的共同配送模式

（2）纵向协同的共同配送模式。

纵向协同的共同配送又称为门店配送，是指由连锁企业集中管理，进行供应链一体化构造，与供应商进行深度协作来共同完成连锁配送。在这种模式下，连锁企业掌握主要的配送管理职能，如销售信息处理，库存与采购管理，商品配送的种类、数量、方式和时间，而与供货商则是在物流作业上进行深度协作。

### 3. 外包第三方物流企业的配送模式

随着原有储运企业的改造以及新兴第三方物流企业的成熟，其业务领域已拓展到了零售业，特别是连锁零售业。虽然连锁物流较为复杂，但第三方物流企业随着自身能力、经营意识、服务水平的不断提高，以及国外专业从事连锁配送业务的物流企业的参与，已经有能力介入连锁企业的专业物流配送业务。第三方物流可以承担多家企业的物流配送业务工作，从而既可提高规模效益，又能突出专业性，实现对物流配送环节的专业化管理，优化连锁配送网络模型，提高整个连锁行业的物流运营效率，降低连锁企业的经营成本。外包第三方物流企业的配送模式如图 8.3 所示。

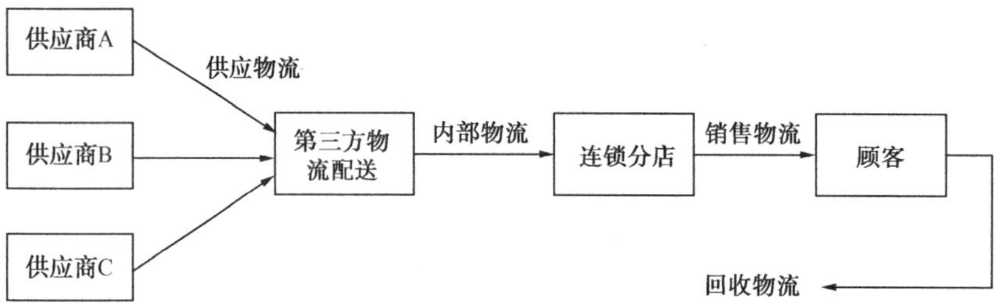


图 8.3　外包第三方物流企业的配送模式

目前，在物流配送设施居世界一流水平的欧洲，其主要连锁零售商配送的业务中，除 30%由零售商自有的配送中心完成外，超过 60%是交由专业的第三方配送公司完成的，即将连锁配送活动交给社会化的物流配送中心完成。

连锁企业将配送业务委托给其他专业性第三方物流企业来承担，可以使连锁企业本身无“建库养车之虑”，发挥其专长，潜心进行连锁店的营销与卖场管理。

**案例链接 8.2**

#### 夏晖公司为麦当劳的第三方物流配送

麦当劳在全球有 3 万多家餐厅，在中国也有超过 600 家，而且数量还在迅速增加。麦当劳的物流系统是怎样运作的呢？

麦当劳通过专门的第三方物流公司提供原料配送服务。麦当劳进入中国时，其全球物流服务供应商夏晖食品服务公司（以下简称夏晖）悄然跟进。麦当劳只要将采购清单交给夏晖，剩下的所有储藏、运输等工作就不用再考虑了。

夏晖公司为在中国的麦当劳建立了专门的物流中心。物流中心有标准化的仓储设备和以冷藏车为主的配送车辆。目前，该物流中心在北京、上海、广州设立了食品分发中心，在沈阳、武汉、成都、厦门建立了配送站，为麦当劳提供高质量的第三方物流服务。

## 四、连锁企业的物流配送中心

物流配送中心是承担连锁企业物流配送职能的管理机构和货物的集结点，一般由信息中心和仓库构成。

### 1. 配送中心的构成

信息中心是配送中心的中枢神经，负责指挥和管理整个配送中心，承担汇集信息并对物流配送中心进行管理的职责，对外负责收集和汇总各种信息，包括各分店的销售、订货信息及供应者的供货信息，并根据这些信息做出相应的决策；对内则负责协调、组织各种活动，指挥调度配送中心内部各部门的人员，共同完成配送任务。仓库一般包括收货区、储存区、理货区、配装区、发货区、加工区等不同的部门，各作业区承担不同任务，其组织规模与结构也不尽相同，同时仓库还拥有各种装卸、储存、运输等工具和设施。如图 8.4 所示是某连锁企业的配送中心的一个平面构成图。

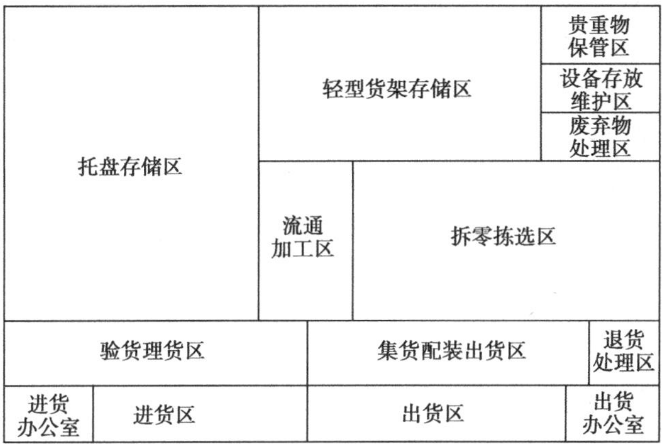


图 8.4　某连锁企业配送中心平面构成图

### 2. 配送中心的功能

连锁配送中心与传统的仓库不一样，除了基本的存储功能外，还有采购、配送、流通加工、信息处理等其他许多功能。

（1）存储功能。

物流配送中心要统一为连锁经营企业众多的分店提供商品配送的服务，必须利用集中库存的存储功能。配送中心能够实现对众分店的分批服务是根据各分店的不同需求实行即时配送的结果。物流配送中心通过存储功能，实现科学合理的统一存储，一方面可以始终保持最经济的库存量，充分保证各分店供货需求，将缺品率降至最低点；另一方面还起到降低连锁经营企业各分店的库存量，促进商品的流通速度，减少流动资金的占用量，提高资金周转速度，增加企业收益的巨大作用，是连锁经营企业物流配送中心必不可少的支撑功能。

（2）采购功能。

连锁经营企业实行“联购分销”制度，统一采购是连锁经营企业的重要特征之一，而采购功能的实现是由企业内部的物流配送中心来完成的。为了满足各分店“多品种、小批量”的订货要求以及顾客不断变化的消费需求，物流配送中心首先要集中各分店的订货要求，然后从众多的供应商那里选择优质低价的商品进货，配备齐全企业所需要的商品。采购功能是物流配送中心的基本职能，物流配送中心的存储、加工、运输等其他功能的发挥都无法脱离采购功能而存在。

案例链接8.3

**家乐福的采购管理**

家乐福建立了一套科学、高效、廉洁的采购体系。采购不再是单单依靠个人判断的事情，而是依靠集体的力量先制订合理的计划，个人工作的主要任务是如何达成总的计划。采购人员按商品组合计划采购和销售商品，每一类商品都有合理的角色，合适的销量、库存、毛利等指标。历史数据的更新加上不断改进的方法，计划本身也就越来越完善，个人随心所欲的空间缩小了，主动性和积极性被有效引导到如何保证企业利益目标的实现上。比如说，当采购员接触到供应商推荐的一个没有经营过的品种，首先要根据企业的定位和商品组合计划，确认这是不是自己应该经营的商品。如果是自己应该经营的商品，接下来就应考察其功能角色，确定是不是原有商品的可替代品，如果是可替代品，要分析引进该商品从价格、销售、促销、物流等方面会对现有的哪些商品产生影响，影响的效果有多大。然后分析哪些商品应该被换掉，单就该商品目前的价格、库存、未结账款等项目确定相应的处理办法和时间表，最后确定新品供货条件、供货时间、商品销售价格、促销活动等。新品引进和滞销品淘汰是一个工作的两个侧面，这些可以说是家乐福对采购过程的要求。

（3）配送功能。

配送是连锁物流的一大核心功能，也是物流成本支出和提升物流服务质量的主要方面。配送运输不同于一般运输，配送中心送货主要是支线运输，其运输范围较小、区域密度较大，因此需要通过货物配装和路线规划，实现降低成本，提高送货效率。配送流程包括配装、运输和交货。由于运输在配送中的重要性，选择合理的运输方式和使用先进的运输工具，对于提高配送质量至关重要。

（4）流通加工功能。

在物流过程中，根据零售要求或配送对象（产品）的特点，有时需要在配货之前先对货物进行加工和分装，以便更好地满足用户需求。例如肉类分割、计量和散货分装等，还有蔬菜的分拣、计量和包装等。这些作业是提升配送中心服务质量的重要手段。

（5）信息处理功能。

一些现代连锁企业的配送中心除了具有配送、流通加工、存储保管等功能外，还集成了信息处理功能，掌握物流活动中的相关信息，为配送中心本身及上、下游企业提供各式各样的信息情报，以供配送中心作为营运管理策略制定、商品路线开发、商品销售推广策略制定时参考。例如，哪一个客户订多少商品，哪一种商品比较畅销，从计算机的分析资料中可以非常清楚地了解到，甚至可以将这些宝贵资料提供给上游的制造商及下游的零售商作为经营管理的参考。

### 3. 配送中心的业务流程

配送中心的业务流程，也就是配送中心的基本作业流程。根据货物流转的次序，其作业流程为：收货→验收→入库→在库保管→流通加工→分拣配货→配装→配送运输→送达服务。

（1）收货。

收货是指连锁店总部向供货厂商发出进货指令后，配送中心对运送的货物进行接收。一般来说，配送中心收货员应做好以下准备：及时掌握连锁总部（或客户）计划中或在途中的进货量、可用的库房空储仓位和装卸人力等情况，并及时与有关部门、人员进行沟通，做好接货准备。

（2）验收。

收货检验工作一定要慎之又慎，因为一旦商品入库，配送中心就要承担商品全部的责任。检验活动包括核对采购订单与供货商发货单是否相符，开包检查商品有无损坏，商品分类，所购商品的品质与数量比较等。

（3）入库。

经检查准确无误后，方可在厂商发货单上签字将商品入库，并及时录入有关入库信息，转达采购部，经采购部确认后开具收货单，从而使已入库的商品及时进入可配送状态。这一作业最重要的是库位的分配。仓库作业人员要根据货物的性质及库位情况合理分配库位。

（4）在库保管。

在库保管主要有三方面的工作。一是加强商品养护，确保商品质量安全。根据不同商品保管要求，及时检查，防霉变，防破损，保证商品品质和安全。二是加强储位合理化工作和储存商品的数量管理工作。商品储位合理与否，商品数量管理精确与否将直接影响商品配送作业效率。商品储位可根据商品的物理化学属性、周转率、理货单位、配送要求等因素来确定，做到合理地、科学地划分货区货位，安放商品。三是进行盘点工作。盘点是仓库管理中的一项重要工作，要科学、合理地进行盘点规划与工作。

（5）流通加工。

流通加工主要是指对即将配送的产品或半成品按销售要求进行再加工。在配送中，加工这一功能要素不具有普遍性，但往往是有重要作用的功能要素。通过配送加工，可以大大提高用户的满意程度。连锁配送中心的流通加工主要有分割加工、分装加工、分选加工、促销包装、贴标加工等。

（6）分拣配货。

分拣配货是决定整个配送系统水平的关键要素。分拣配货工作是指配送中心接到配送指示后，及时组织理货作业人员，按照出货优先顺序、储位区域、配送车辆趟次、门店号、先进先出等方法和原则，把配货商品整理出来，经复核人员确认无误后，放置到暂存区，准备装货上车。分拣配货作业主要有两种方式，一是“播种方式”，二是“摘果方式”。在实际工作中，需要根据具体情况选择合理的分拣配货方式。

（7）配装。

在单个门店配送数量不能达到车辆的有效载运负荷时，就存在如何集中不同门店的配送货物，进行搭配装载以充分利用车辆运能、运力的问题，这就需要配装。与一般送货的不同之处在于，通过配装送货可以大大提高送货水平及降低送货成本，所以，配装也是配送系统中有现代特点的功能要素，也是现代配送不同于以往送货的重要区别之处。

（8）配送运输。

由于配送门店较多，一般城市交通路线又较复杂，如何设计最佳路线，如何使配装和路线进行有效搭配等，是一项难度较大的工作。

（9）送达服务。

配好的货物运送到门店还不算配送工作的完结，因为送达和门店接货往往还会出现不协调，使配送工作前功尽弃。因此，要圆满地实现货物的移交，并有效地、方便地处理相关手续并完成结算，还应讲究卸货地点、卸货方式等。送达服务也是配送中心所独具的特殊性。

案例链接8.4

### 上海华联超市配送中心的运作

华联超市采用配送中心送货，可大量压缩门店的仓储面积，减少仓储费用、运输费用。配送中心使用现代化管理技术后，可降低商品的损耗率和流动资金的占用率，使连锁超市的物流成本大大低于单体超市和附属形态的超市。它是超市公司提高经济效益的关键部门。

华联超市虽然在一开始就借鉴国外先进经验，设置了配送中心，但当时只是一个雏形。随着超市网点的迅速增加，门店中许多畅销产品经常断档，这个问题只有通过配送中心运作才能解决。因此，1995年，公司又投资扩建配送中心，使仓库面积增加到16 000平方米，运货车辆由1993年的1辆增至40辆。

公司对配送中心的进货过程和发货过程，制定了严格的要求和规范的操作制度。要求仓库收货员在验货时，必须核对厂商开具的发票是否与订货商品、实际商品一致；检查商品的包装情况，这一切都准确无误后方可在厂商送货单上签字并将商品入库。商品入库时，要立即制作仓卡，标明商品的品名、入库时间和货位，最后将仓卡和厂商开具的发票按规定时间送交采购部，采购部要立即开出收货单，并将商品内容记入商品发货单中，使入库的商品进入可配状态。

华联超市对公司的发货工作流程制定了严格的控制规定。华联超市规定，不论是对内发货或对外发货，发货单必须由仓库主任亲自查验，查验是否有采购部发货印章，辨别印章真伪，核对发货单的有效期。确认一切无误后，方可按发货单上开具的商品分拣配货，按已制定好的运送计划和时间准时送货。

# 单元二 连锁企业的信息管理系统

## 一、连锁企业信息管理系统的功能与意义

连锁企业在经营管理活动中存在着丰富的信息资源，它们既是企业经营管理活动的组成部分，又是企业经营管理的决策依据。商业信息的不断流动形成了商业信息流，它和商流、物流、资金流等密切相关且不断扩大，致使连锁企业各方面管理和决策难度加大，为此必须利用信息技术进行信息化管理，以达到信息管理制度化、规范化和科学化。因此，建立一套快速、灵敏、准确、高效甚至智能化的信息系统对于连锁企业来说非常重要。

### 1. 连锁企业信息管理系统的功能

连锁企业信息管理系统在企业中的功能可归纳为以下几个方面。

（1）采集信息。

把连锁企业各个环节的信息收集起来，纳入计算机后台和企业的信息中心。

（2）加工信息。

把采集的信息进行整理加工分析，使经营者及时掌握企业的进、销、存的动态和企业的人、财、物动态，掌握市场的第一手资料，为市场预测提供数据资料。

（3）存储信息和检索信息。

存储信息是为了确保信息的连续性和实用性。检索信息是为了连锁经营查询，监测某些信息服务，以确保企业不受损失。

（4）传输信息。

连锁企业向生产商、各类供应商、其他合作伙伴、政府机构、消费者传递有关的信息，关键是达到以销定产、以销定进、以销定存，保证进货质量，优化经营布局和商品结构的目的。

### 2. 建立连锁企业信息管理系统的意义

连锁企业建立信息化管理系统是全面提高企业竞争能力的关键，其意义表现在以下几个方面。

（1）采用现代的电子计算机技术能充分实现和发挥连锁企业的优越性。随着连锁规模的膨胀，没有现代化计算机管理系统将导致企业管理的瘫痪。

（2）能精确适时地反映和处理连锁企业各项经营活动，将进货、配送、销售、结算和计划等环节统一起来，明确商品流向，反映货仓商品进出，完成价值查询，提高经营效率。

（3）能准确实现商品的单品管理。

（4）优化商品结构，促使主力商品的种类、价格、品质与消费群体需求相一致。

（5）及时发现、处理临界期商品和滞销商品，有效控制进货内容，以避免商品短缺与

重复进货，提高资金利用率。

事实上，连锁企业计算机系统的建立，对于连锁企业的管理和超常规发展起到了极其重要的作用。计算机系统的应用提高了连锁企业的管理效率，规范了企业的管理模式，培养了企业的管理人才，提高了整个企业的管理水平。

## 二、连锁企业信息管理系统的构成

我国连锁企业信息管理系统的基本结构是：前台销售点系统 POS（Point of Sales）＋后台计算机管理信息系统 MIS（Management Information System）。在基本结构的基础上，一些企业同时还运行电子订货系统 EOS（Electronic Ordering System）和电子数据交换系统 EDI（Electronic Data Interchange）。

连锁企业信息管理系统可以分为三个层次，如图 8.5 所示。

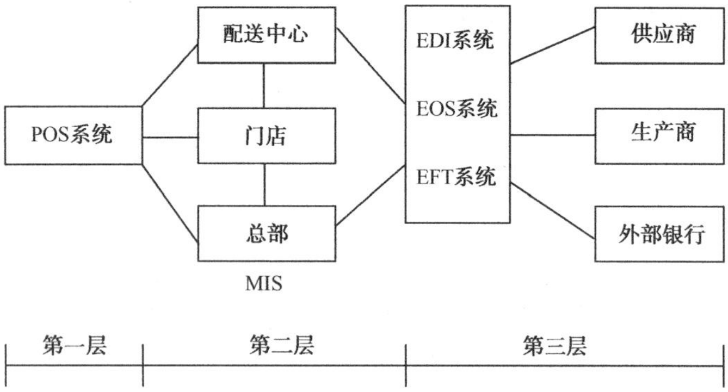


图 8.5　连锁企业信息管理系统的层次

第一层：前台销售点系统 POS，负责销售数据的采集。

第二层：后台计算机管理信息系统 MIS，负责数据的整理、分析、处理，涉及总部、门店、配送中心三方面。

第三层：电子数据交换系统 EDI、电子订货系统 EOS、电子转账系统 EFT（Electronic Funds Transfer），用于与供应商、生产商、外部银行的联系和资料的传递、结算等。这些系统和连锁企业的其他管理系统一起构成了商业企业的信息网络系统。

## 三、POS 系统

POS（Point of Sales）系统也就是销售点系统，是指通过自动读取设备（如收银机）在销售商品时直接读取商品销售信息（如商品名、单价、销售数量、销售时间、销售店铺、购买顾客等），并通过信息网络和计算机系统传送至有关部门进行分析加工，以提高经营效率的系统。POS 系统最早被应用于零售行业，以后逐渐扩展至其他如金融、旅馆等服务性行业，利用 POS 系统的范围也从企业内部扩展到整个供应链。

POS 系统是以后台计算机和商品条形码为基础，以条形码扫描器为基本工具，配备电子收银机及其他电子设备（如磁卡阅读器）所构成的一个系统。POS 系统主要用于前台销售，实现收款、退货、换货、价格查询、折扣、取消交易、简单的数据统计分析等功能，支持多种支付方式。其最重要的功能是适时采集各种商品的销售信息，对所经营的商品实施单品管理。

POS 系统运作的基本组件包括：条形码技术、条形码标签印制机、POS 收银系统及商品主档。下面逐一进行介绍。

### 1. 条形码技术

条形码是用一组数字表示商品的信息。按使用方式分为直接印刷在商品包装上的条形码和印刷在商品标签上的条形码。按使用目的分为商品条形码和物流条形码。

商品条形码是指以直接向消费者销售的商品为对象，以单个商品为单位使用的条形码。由 13 位数字组成，最前面的两位数字表示国家或地区的代码，中国的代码是 69，接着的 5 位数字表示生产厂家的代码，其后的 5 位数字表示商品品种的代码，最后的 1 位数字用来防止机器发生误读。例如，在商品条形码 6902952880041 中，69 代表中国，02952 代表贵州茅台酒厂，88004 代表 53%（VN），1 代表 500 毫升的白酒。

物流条形码是指在物流过程中以商品为对象，以集合包装商品为单位使用的条形码。标准物流条形码由 14 位数字组成，除了第 1 位数字之外，其余 13 位数字代表的意思与商品条形码相同。物流条形码第 1 位数字表示物流识别代码，如在物流识别代码中 1 代表集合包装容器装 6 瓶酒，2 代表集合包装容器装 24 瓶酒，所以物流条形码 26902952880041 代表该包装容器装有中国贵州茅台酒厂的白酒 24 瓶。商品条形码和物流条形码的区别如表 8.1 所示。物流条形码是有关生产厂家、批发商、零售商、运输业者等经济主体进行订货和接受订货、销售、运输、保管、出/入库检验等活动的信息源。物流条形码的使用，不但便于及时捕捉消费者的需要，提高商品销售业绩，而且也有利于在活动发生时点即时自动读取相关信息，从而促进物流系统提高效率。

另外，条形码与其他辨识商品的方法如 OCR（Optical Character Recognition，光学文字识别）、OMR（Optical Mark Reader，光学记号读取）相比较，具有印刷成本低和读取精度高的优点。

**表 8.1　商品条形码和物流条形码的区别**

| 种　类 | 应用对象 | 数字构成 | 包装形状 | 应用领域 |
|---|---|---|---|---|
| 商品条形码 | 向消费者销售的商品 | 13 位数字 | 单个商品包装 | POS 系统、补充订货系统管理 |
| 物流条形码 | 物流过程中的商品 | 14 位数字（标准物流条形码） | 集合包装如纸箱、集装箱 | 出/入库管理、运输保管、分拣管理 |

### 2. 条形码标签印制机

商品条形码按印制来源划分，可分为原印码及店内码两类。原印码是由商品制造商申请核准的条形码，并在商品出厂前直接印制在包装上，而店内码则是由商店自行印制的条形码标签，在商品入店时粘贴在商品包装上。

由于食品、日用品的原印码普及率未达到100%，而且很多经营业态（如超市）的生鲜食品在全部商品中所占比重很大，所以不可避免地要使用店内码。

印制店内码的条形码标签印制机有三种：第一种是掌上型；第二种是桌上型，这两种都是印制规格化商品（同样商品，价格亦相同）条形码标签的印制机；第三种是电子秤条形码印制机，是针对生鲜食品包装重量不同而使用的设备。

#### 3. POS 收银系统

当顾客拿着商品到收银台结账时，工作人员必须使用 POS 收银系统，才能阅读商品条码，寻找商品售价或接受该商品售价并记录商品的销售状况。目前较通用的 POS 收银系统有以下两种。

（1）由计算机收银机和扫描器组成的系统。

该系统适用于小型卖场，计算机收银机具有收银及存取计算机内商品变动档的功能。

扫描器亦称商品条码阅读机，其原理是利用光线反射来读取条码反射回来的光源，再转译成可辨识的数字，以确认是否为已建档的商品代号，它是 POS 收银机的重要组成部分。目前 POS 收银机的扫描器一般有三种类型：光笔，固定式扫描器，手握式扫描器。

（2）由电子收银机、扫描器、主档控制器、计算机组成的系统。

该系统适用于规模较大，收银台较多的超市卖场。主档控制器可储存商品主档资料，供寻找或接受商品售价之用，再以批次方式将商品销售资料传到后台计算机，可减轻后台计算机的作业负荷。

#### 4. 商品主档

POS 系统要能运转，还得靠计算机内建立的商品主档。当扫描器接收商品信息后，就要到计算机内去寻找商品的主档资料，以辨识商品代号是否正确，然后寻找售价或接受该商品售价，并记录该项商品的销售数量。商品在第一次进入连锁店售卖之前一定要依据规定的档案格式，先将有关该商品的基本资料输入计算机，才可售卖。除此之外，还要进行商品主档的维护。维护时应注意正确性及时效性。商品在销售期间，如遇到变价、淘汰、分类调整等变动状况，需要及时将信息传递给商品主档管理人员，以避免造成因商品主档资料与卖场销售信息不一致而造成的混乱现象。

**案例链接8.5**

**深圳万佳公司 POS 信息系统概况**

深圳市万佳百货股份有限公司前身为“深圳万佳连锁商业有限公司”，创立于 1991 年 12 月，1994 年 1 月进行了内部股份制改造，更名为“深圳市万佳百货股份有限公司”，是一家以大型综合超市业态为发展模式的连锁公司。零售业的核心技术是信息技术、采购技术、物流技术，但在很大程度上是依赖计算机技术的。万佳的科技含量在信息技术的应用过程中不断提升，同时随着企业的发展又不断加大信息技术开发的力度。

万佳每年在信息技术方面的投入大约在 2 000 万元，1994 年就引进了小型计算机设备，1996 年开始在门店与总部之间实现光缆连接。目前，公司已配置了 13 台小型机、9 台计算机服务器以及近千台工作站，并形成了包括 POS 销售系统、进销调存管理系统、财务管理系统、办公自动化系统等功能的处理系统，各个系统既可以自成体系，独立运作，又可统一集成，构成完整的零售企业业务处理系统，并支持公司全面计算机业务处理流程，信息技术方面的投入大大提高了连锁企业的工作效率。

## 四、MIS 系统

连锁企业信息管理系统的后台管理系统就是 MIS 系统，也称为商业企业管理信息系统，除 POS 系统外的大部分功能都可由 MIS 系统实现。MIS 系统和 POS 系统相辅相成，构成完整的连锁企业管理信息系统。后台管理系统除为前台管理系统提供必要的商品、收银员等基本资料外，还要收集前台管理系统提供的各种商业信息，作为统计、分析、查询、决策的依据。后台管理系统除了和前台管理系统有数据接口外，还要和配送中心有数据接口，因此，后台管理系统功能齐全，工作量大，处理信息复杂。正因为如此，后台管理系统的管理内容与连锁企业的业务经营的内容是分不开的。由于连锁企业主要由总部和门店构成，故管理信息系统通常由总部管理系统和门店后台管理系统组成。

**案例链接 8.6**

**麦德龙的 MIS 系统**

麦德龙的电子化商品管理系统是其管理的关键，通过它，麦德龙就能在任何时间知道有哪些存货，进了多少，放在哪里，卖了多少，这样就能对整个经营进行操控。由于计算机控制系统掌握了商品进销存的全部动态，麦德龙可将存货控制在最合理的范围内。当商品数量低于安全库存时，计算机就能自动产生订单，向供货单位发出订货通知，从而保证商品的持续供应和低成本经营。当然，进行计算机控制还需要人工的监督和决策配合。麦德龙有专门的监督人员检查整个系统，检查订货数量和交货数量是否相符。一般的订货程序是计算机提出采购预测，管理者再结合经验做出决定。采购预测是影响整个供应链的关键环节，预测的准确性将影响其他各个环节的效率，对成本高低产生直接影响。计算机根据顾客的需求信息，提出采购预测，管理者根据计算机的预测并参考其他的因素，如季节的变化、促销计划、社会上的大型活动以及整个供应链各个环节的负荷能力等，结合经验做出最后决定。

### 1. 总部管理系统

总部管理系统包括商品管理、采购管理、库存管理、销售管理、客户及会员管理、基本档案维护、数据管理、系统管理八个模块，该系统主要运行在总部的各个工作站上。对各门店的经营和销售进行统一管理，指导配送中心对门店的进货和配送等业务活动，并提供与通用财务软件的接口。

（1）商品管理。

提供商品注册，商品类别及编码，商品条码的维护，商品组合，商品变价，商品价格台账的管理。

（2）采购管理。

包括根据各门店的补货单和销售情况制订采购计划，进行采购计划管理、配送管理和退货管理。

（3）库存管理。

对于总部、配送中心一体式的管理模式，可在总部管理系统中增加库存管理模块，对配送中心仓库进行管理，提供出/入库、盘点、移库、报损等库存业务信息，并支持商品的进价调整、保质期和存量预警、库存查询、统计功能及库存货位管理，能对库存商品数量进行最优控制，是库存管理模块的核心。

（4）销售管理。

对各门店进行销售实时监控，利用销售数据建立主要商品的销售预测模型，用以指导采购计划。

（5）客户及会员管理。

即汇总客户、会员的消费信息和需求信息，指导采购计划，同时通过网络定时将消费信息反馈给供应商和制造商，实现资源共享。

（6）基本档案维护。

提供对门店、部门、员工、工作站、供应商、客户以及会员等基本档案的维护。

（7）数据管理。

对各门店上传给总部的销售数据进行管理和数据分析，将总部对商品的管理和调整信息下传到各个门店。

（8）系统管理。

包括系统参数设置，基础数据定义，期初建账，期初数据录入，数据备份及数据恢复，密码及权限设置等功能。

#### 2. 门店后台管理系统

门店后台管理系统主要包括采购管理、卖场管理、库存管理、后台销售、客户及会员管理、基本档案维护、数据管理、系统管理八个模块，运行于后台各工作站上。这些模块具有的功能如下。

（1）采购管理，可根据商品在架情况和库存情况生成补货单，进行补货和退货管理。

（2）卖场管理，对销售现场和货架进行管理。

（3）库存管理，对周转库存、临时库存进行管理。

（4）后台销售，大宗商品的批发销售管理。

（5）客户及会员管理，具有客户及会员的消费情况统计，消费趋势分析，会员卡维护，优惠设定，以及查询、挂失等功能。

（6）基本档案维护，主要是对门店、员工、供应商、客户及会员等的基本档案的维护。

（7）数据管理，将销售数据汇总、上传总部。

（8）系统管理，与总部管理系统的系统管理功能基本一致。

门店后台管理系统和前台销售系统（POS系统）一起被用于门店业务管理，实现单品的在架、补货和销售管理功能，以及销售数据汇总、上传总部等功能，即POS系统通过收银员在销售终端采集有关商品号、件数、交易时刻等信息，通过特定的方式将这些数据传送到后台，由后台计算机处理完商品销售数据，将结果储存在服务器数据库中，并与企业总部信息中心的计算机数据库联网。总部对各门店汇总上来的信息进行加工处理，然后分到各个专业子系统，企业的经营者就可以随时掌握商品的销售信息，为商品的采购、陈列、人员配备等决策提供依据。

# 单元三　连锁企业的人力资源管理系统

## 一、人力资源管理的职能

连锁企业的人力资源主要是指连锁经营企业内部劳动力的数量和质量的总和。连锁经营企业所进行的人力资源管理就是企业为充分调动每个员工的积极性，发挥每个员工的最大潜能，实现其最大的自我价值而采取的各种管理活动的总称。

### 1. 总部人力资源管理的职能

在连锁经营企业中，总部和各门店都具有人力资源管理职能，总部的人力资源管理职能由设在总部的人力资源管理部门承担，对整个连锁经营企业的人力资源进行统一规划和宏观管理，主要负责制定连锁经营企业的人力资源规划；制定适用于连锁经营企业全体人力资源的工作制度、奖惩制度、晋升制度等各项人事管理制度；按照统一标准进行人力资源的招聘、培训、考核、奖惩等管理活动；任免和调配各门店的经理等重要工作人员，保证门店人力资源的合理配备；审批连锁企业内部各门店制定的人力资源管理制度；领导和审查各门店人力资源管理的各项工作等。

### 2. 分店人力资源管理的职能

连锁经营企业的各门店的人力资源管理职能由经理承担，经理的人力资源管理工作必须在总部的统一领导之下进行，其职权范围仅限于自己的分店。经理的职责以执行总部的人力资源制度为主，按照总部人力资源部门规定的要求和标准，招聘成员店所需的一般员工，经总部人力资源部门审核后录用；按总部规定的统一标准进行门店一般员工的人事管理，同时报总部审批；负责本店一般工作人员的调配排班等具体人事安排工作。

## 二、人力资源的招聘

连锁经营企业为了及时满足企业发展的需要，弥补组织内部的岗位空缺，要根据人力资源的招聘计划，寻找、吸引那些有能力又有兴趣来本企业任职的人力资源。企业通过考试等形式从中挑选出适合本企业的人力资源予以录用。这就是人力资源招聘的全过程。

### 1. 连锁企业人力资源招聘的特点

与一般经营企业相比，连锁经营企业的人力资源招聘工作具有一定的特殊性，一般经营企业的所有人力资源的招聘工作均由企业人力资源管理部门统一操作，而连锁经营企业的人力资源招聘工作则是针对不同职位的人力资源存在不同的工作方法。一般说来，连锁经营企业总部以及各分店经理、业务骨干等重要职位人力资源的招聘要由连锁经营企业总部的人力资源管理部门进行，而各门店的一般工作人员的招聘则授权各门店的店长或经理进行，招聘后由总部人力资源管理部门审核。

### 2. 连锁企业人力资源招聘的原则

为了使企业能够获得符合要求的高质量的人力资源，同时尽量节省人力资源招聘工作的成本，人力资源招聘在实践中要遵循以下原则。

（1）效率原则。

为减少招聘成本，首先要树立效率优先观念，既要尽可能用最少的人力、物力及财力进行招聘工作，又要保证录用的人力资源的质量，保证其能充分发挥作用。

（2）公平公正的原则。

必须遵循国家的法令、法规和政策，面向全社会公布招聘条件，对应聘者进行全面考核，公布考核结果，通过竞争择优录用。公平公正原则也是连锁经营企业获取高素质的人力资源以及实现招聘工作高效率的重要保证。

（3）适合原则。

人力资源招聘工作要遵循适合录用原则，因事择人，给每个工作岗位配备最合适的工作人员，使整个组织的人员结构配置合理，达到组织整体效益的最优化，不要求招聘进入连锁经营企业的人力资源都必须是素质最高、质量最好的人才。

### 3. 连锁企业人力资源招聘的程序

人力资源招聘工作是一个复杂的、系统的且连续性较强的工作，招聘过程涉及企业内部各个用人部门以及相关环节。为了使人力资源招聘工作规范、有序地进行，应当严格遵循程序化原则，按确定的工作程序组织招聘工作。人力资源招聘的整个工作过程要按照计划—招聘信息发布—招聘选择及录用—招聘评估的程序进行。

（1）计划。

人力资源招聘前首先要制订招聘计划，明确企业对人力资源的需求，确定招聘岗位、工作职责、人数、对应聘者的要求和待遇条件，为招聘工作做好准备。

（2）招聘信息发布。

准备工作做好后，即进入招聘执行阶段，人力资源管理部门要采用适宜的招聘信息发布渠道和方法，吸引足够多的合格应聘者，以达到良好的招聘效果。通常采用的招聘方式有店内招募、员工介绍、校园招聘、刊登广告、中介公司推荐等。

（3）招聘选择及录用。

人力资源管理部门还要通过笔试、面试、情景模拟或心理测验等方法，挑选出最合适的人员。选择工作完毕后，连锁经营企业的领导者和人力资源管理部门共同做出招聘决策，通过签订合同等方式完成人力资源的录用工作。

（4）招聘评估。

录用结束后，人力资源管理部门还要对招聘成本、招聘质量、工作效率等内容进行评估，总结经验教训，为下次招聘工作打下良好的基础。

## 三、人力资源的培训

连锁经营企业人力资源培训工作的进行，可以有效地提高企业人力资源的知识、技能和素质，明确自己的任务和职责，端正劳动态度，在最大限度地实现其自身价值的同时为企业创造更大的价值。因此，人力资源的培训是连锁经营企业人力资源管理中的重要工作。

### 1. 连锁企业人力资源培训的特点

（1）系统内克隆。

在连锁系统内，对各分店店长和其他工作人员的工作范围、工作任务、工作技能等要求是一样的。培训人才的途径就是将新员工送到各家分店顶岗见习，或者将老店有能力的员工调到新店中，担任重要角色，指导、培训新员工。

（2）周期性活动。

因为连锁企业在经营过程中客流量不是平均分配，而是有高峰期的，如大型连锁超市的高峰期为中午 11 点左右和下午 5 点左右，这就要求店面工作人员的工作安排有一定的周期性。培训工作也必须适合这一特点。

（3）层次差异性。

连锁企业对不同职位的人才，其工作能力要求是有差异的，所以在员工培训时，不同层次的员工应采取不同的培训方式。例如，理货员培训强调操作，店长培训强调管理，企业高层培训强调决策和行业动向研讨。

（4）战略性投资。

培训工作不是短期的，是企业长期人才战略的重要内容。为了企业的长远利益，须进行持续培训和再培训工作。企业培训成功与否的标志，不是短期利益，而是最终效益，所以说企业培训是战略性投资。

### 2. 连锁企业人力资源培训的内容

一般说来，连锁经营企业人力资源培训以职业道德培训、技能培训和资格培训为主要内容。

（1）职业道德培训。

连锁经营企业向其员工提供的职业道德培训以商业道德为主，通常包括遵守工作制度和服务规范，树立消费者至上观念，爱岗敬业，树立和维护企业形象，培养企业精神，培养团队精神和责任感等改进员工工作动机、态度和行为方面的培训。

（2）技能培训。

技能培训是指连锁经营企业为开展采购、检查、加工、包装、配送、销售、财务、经营管理、信息处理等业务而对员工进行的专业技术方面的培训。

（3）资格培训。

资格培训是连锁经营企业根据社会或国家的职业或工种标准而对企业内部员工的工作能力进行培训，使其具备相应的职业技能，取得职业资格证书。这种培训主要集中于连锁经营企业内部物流、财务、信息处理等专业性较强的职位。

### 3. 连锁企业人力资源培训的形式

连锁企业人力资源培训基本上分为职前培训、在职培训、脱产培训和自我教育四种方法。这四种方法各有优缺点，适合不同的人员，它们之间不是完全孤立的，而是可以交替使用的。

（1）职前培训。

职前培训主要是针对新员工进行的。通过对新员工的职前培训，使其在最短的时间内了解整体的企业组织形式和正确操作方法，以便日后担任工作及接受管理时能顺利地适应。

（2）在职培训。

在职培训是指不脱离工作岗位进行培训。主要有两个方面的内容：一是职务转换，在各个岗位每隔一段时间调动一次，是横向的交流；二是随着时代的进步、环境的变迁或工作的岗位要求，需要更新知识、技术、观念，如员工晋升职务前的培训，是纵向的交流。横向的交流可采取师傅带徒弟式的培训方式；纵向的交流可以采取进修培训，也可由企业派专人进行指导。

（3）脱产培训。

指企业员工暂时离开现职脱产到有关学术机构或学校以及别的企业参加为期较长的培训。脱产培训的主要对象是管理人员。脱产培训的目的主要有两个：一是使管理人员在理论上得到较大的提高，开阔眼界，了解国内外行业的最新动态，其主要途径是到高等院校和科研机构进行培训；二是得到一些较先进的管理经验、实操技术和专业知识，其主要途径是到别的先进单位接受培训，开展企业之间的合作与交流，如加盟店派员工到总部接受先进的系统培训。

（4）自我教育。

自我教育也称为自我启发式培训，指企业鼓励员工利用工作间隙和业余时间进行学习。自我教育方式有多种，如企业员工之间的交流，企业组织一些研讨会，企业内部培训，企业为员工举办的有关专业知识的读书看报活动，鼓励员工到业余大学深造进修，并为员工的学习报销费用。

**案例链接8.7**

**上海华联连锁超市的员工培训**

华联超市的快速发展，需要大量训练有素的各级管理人员和专业人员。为此，华联超市成立了“华联超市连锁经营进修学院”。学院的前身是学习班和培训中心。在实践中，逐渐发现学习班和培训中心这两种形式已无法适应华联超市快速发展急需大量管理人才和经营骨干的要求。学院成立后，实行三个月全脱产学习，但是这样培养出来的学员走上岗位后，缺乏实际操作的经验。于是，华联超市又参照国外大型企业办学经验，修改教学大纲，实行边学习理论，边从事实践的教学模式，形成了一套“三个相结合”的进修方法，即理论与实践相结合，课堂教学与实务考核相结合，学分积累与跟踪训练相结合，鼓励人才脱颖而出，鼓励学员全面发展，形成了人才破格提升的激励制度。学院依据学员的学分积累与门店训练情况和跟踪考核情况，做出总体评定和“推荐职务意见”并报华联超市总部，由总部对学员量才录用，使华联超市建立了一套生机勃勃的用人机制，提高了职工的全面素质。

## 四、人力资源的管理

连锁企业人力资源管理主要包括薪酬管理、奖励与惩罚、绩效管理与职务升迁三个方面的内容。

### 1. 薪酬管理

薪酬是吸引员工进入企业并努力工作的主要诱因之一，薪酬管理由此也成为连锁经营企业人力资源管理工作中非常重要的工具之一。薪酬管理运用适当，企业不仅可以招募到高质量的员工，而且可以使员工的工作热情大幅度提升，提高企业收益从而相对降低人工成本，对企业产生积极的影响。

薪酬管理一般包括薪酬制度和福利制度两方面的内容。

（1）薪酬制度。

连锁经营企业的薪酬管理系统较为复杂，其中以现金方式或现金等值物品方式支付给员工的报酬就有工资、奖金、提成、津贴、分红、福利、各种人力资源养护费用（包括医疗保险、养老保险等）、非工作时间经济给付（如节假日、病假）等多种形式；在连锁经营企业不同的业务部门还分别运用固定工资制、奖金制、工资加奖金制、钟点工资制以及计件工资制等众多的薪酬制度。但连锁经营企业通常采用统一的薪酬政策和制度，它是企业在维系企业发展的前提下，在全面注重市场竞争力、企业负担能力、给付合理性、内部公平性，以及工作激励性的情况下制定出来的。

（2）福利制度。

连锁企业的人力资源管理部门必须明确国家和企业的福利内容，依企业的财务能力决定福利的大小。福利主要包括社会保险、休假、补助、进修、奖励及其他多种形式。

### 2. 奖励与惩罚

奖励与惩罚也是连锁经营企业人力资源管理的重要内容，公开、合适的奖励能极大地调动企业员工的积极性和创造性，适当的处罚能够规范员工行为，改变员工的不良行为，提高员工的自觉性。奖励与惩罚对企业人力资源所产生的激励作用对整个企业的管理工作具有十分重要的影响。

（1）奖励。

连锁经营企业的奖励可用于对员工个人进行奖励，也可用于对连锁经营企业各分店或其他工作团体的奖励。对员工个人的奖励通常以增加工资、晋级、提供培训机会、旅游、带薪休假、年终分红等形式出现，对各分店或其他工作团体的奖励主要包括各种奖励金、降低进货成本、旅游、授予荣誉称号等形式。连锁经营企业运用奖励的手段进行人力资源的管理，应注意奖励的方式与方法，充分发挥奖励的积极作用，避免不良后果的产生。

案例链接8.8

**百胜餐饮集团对餐厅经理的奖励**

“餐厅经理第一”，这是百胜餐饮集团树立起来的最重要的企业文化，体现了公司重视生产率的提高，一切围绕第一线餐厅而服务的思想，同时也鼓励各餐厅积极进取，展开良性竞争。每年，在百胜集团中国区年会上，上百位来自全国各地的餐厅经理会因他们出色的成绩被授予优秀奖牌。百胜中国事业部总裁苏敬轼先生会向取得优异业绩的资深员工颁发刻有飞龙的金牌——“金龙奖”，该奖极富中国特色和激励性。

对于每年在餐厅销售和管理上出色完成公司“冠军检测”考核要求的餐厅经理，公司都会给予特别礼遇，他们会从世界各地飞到百胜集团总部，由名贵轿车接送与总裁诺瓦克共进晚餐。中国苏州地区的一名餐厅经理就曾携新婚妻子前往，受到贵宾般的迎接。席间，诺瓦克和部门主管还会送上逗人的塑模食品：“鸡”、“巨大的奶酪”，以及表示吃得津津有味的“会说话的牙齿”，以表扬这些员工出色的表现，并以此作为纪念。

（2）惩罚。

惩罚是指企业因为员工个人的过错而做出的某些能够引起员工不愉快的事情。惩罚具有减少员工收入、降低职位、取消某种福利待遇、增加工作量、批评等多种形式。适当的惩罚可改变员工的不良行为，提高员工自觉性。但惩罚手段运用不当会引起员工愤怒、痛苦等不良的情绪反应，也会引起员工消极怠工、破坏公物、制造事故等破坏性行为，结果导致企业缺勤率和离职率的上升等消极后果。

### 3. 绩效管理与职务升迁

（1）绩效管理。

企业员工根据岗位职责进行了工作，而工作水平的高低、质量的好坏、效率效益的大小均须做出绩效评价，然后作为员工考核奖惩的依据。

（2）职务升迁。

有效公平的职务升迁对连锁企业来说也是至关重要的，尤其是在连锁店组织层次越来越庞大时。事实上，员工未来的发展性预期和升迁的公平性与否，常是造成员工离职的主要原因。因此，明确的升迁路线和公平的晋升原则，是连锁企业留住人才的有效方法之一。

明确的晋升路线要制度化，如晋升的资格限制、晋升时机、晋升人数、晋升方式应有明确规定，且要按章执行；公平的选拔方式要标准化，使连锁企业经营的标准化、统一化深入人心。如果用人制度在公开选拔的基础上，操作能够规范化、标准化，必然有利于人才的选拔和升迁的顺利进行。一般认为选拔方式应有以下几个方面：笔试、面试、实操演示、主管会议评议、专家评议等。

# 单元四　连锁企业的财务管理系统

## 一、连锁企业财务管理的意义与特点

### 1. 连锁企业财务管理的意义

财务管理是连锁经营企业内部管理的重要内容之一，它本着责、权、利相结合的原则，通过各种财务管理手段对连锁经营企业的各个部门，企业经营的全过程，商品进、存、销的每一个结算环节进行监督、检查和控制，进而规范整个企业的工作流程，同时进行企业经营分析，使领导者全面了解企业的经营情况，为领导者进行科学的经营决策提供依据。健全、有效的财务管理是连锁经营企业依法自主理财，约束企业经营行为，管理企业各项经济活动的重要手段。

### 2. 连锁企业财务管理的特点

连锁企业的财务管理与连锁企业的经营管理要求和连锁企业的自身特点是密不可分的。连锁企业财务管理一般具有下列特点。

（1）财务管理是一项综合性的管理工作。

由连锁总部进行统一核算是连锁企业财务管理的特点之一。区域性的连锁企业由总部实行统一核算；跨区域且规模较大的连锁企业，可以建立区域性总部，负责对本区域内的连锁分店进行核算，再由连锁总部对区域性总部进行核算。

连锁企业统一核算的主要内容是：对采购货款进行统一支付结算；对销售货款进行结算；进行连锁企业的资金筹集与调配；对企业利润进行分配等。因此，财务管理是运用价值形式对企业各个方面进行管理，是一项综合性的管理工作。

（2）票流与物流分开。

由于连锁企业实行由总部统一核算，配送中心统一进货，统一对各个店铺配送，票流与物流分开运行的财务管理制度，因此，财务部门必须同进货部门保持密切联系，认真核对进货部门的有关票据，确认无误后才能支付货款，并对签字权限做出限制。

（3）资产统一运作，资金统一使用，发挥规模效益。

连锁企业经营的关键是发挥企业的规模效益，统一核算、统一进货、统一配送，使连锁企业的资本规模优势得到发挥，也使企业减少了费用，降低了成本，增加了利润，同时也加快了企业的资金和商品周转，从而使企业获得最大的经济效益。

### 3. 不同连锁经营形态财务管理的区别

连锁经营企业具有直营连锁、特许连锁和自由连锁三种不同的经营形态。这三种不同形态的连锁经营企业，由于经营权和所有权的关系不同而采用不同的财务管理制度，从而使连锁经营企业的财务管理活动表现出多样性的特点。

（1）直营连锁。

实行直营连锁的连锁经营企业，其总部和各分店同属一个法人，由同一资本构成，其财务管理是建立在资产所有权与经营权相统一的基础上，以总部为核心进行统一核算。

（2）特许连锁。

实行特许连锁的连锁经营企业，其所有权和经营权是分开的，连锁总部和各加盟店在法律上都是独立的，各自对其店铺的有形资产拥有所有权，而经营权则高度集中在总部，各加盟者没有经营权。这种类型的连锁经营企业的财务管理建立在资产所有权和经营权分离的基础之上，企业按照所有者和经营者之间的合同契约进行活动。

（3）自由连锁。

实行自由连锁的连锁经营企业，由于进行连锁经营的各分店都是根据自愿原则，在民主协商的基础之上自愿加入连锁体系的，他们各自仍为独立法人，资产所有权关系并没有发生变化，总部只是服务性质的，不以营利为目的，因此各分店的企业经营活动在所有权、经营权和核算权等方面仍保持自主性和独立性，整个企业的财务管理活动相对简单得多。

## 二、连锁企业财务管理的内容

连锁企业财务管理的内容包括资金筹集管理、投资管理、资产管理、成本费用管理、税金管理等。

### 1. 资金筹集管理

任何企业的生存和发展都离不开资金，企业筹集资金往往出于扩张发展、偿还债务、满足临时性资金周转所需。

一般来说，企业筹集资金的来源有国家财政资金、银行信贷资金、非银行金融机构资金、其他企业资金、企业自留资金、外商资金等。

企业筹集资金的方式主要有吸收直接投资，发行股票，银行借款，商业信用，发行债券，融资租赁等。

### 2. 投资管理

投资是指企业为获得未来收益或者满足某种特定用途而进行的资金投入活动。企业可以现金、实物、无形资产等形式向其他单位投资，也可以购买股票、债券等有价证券向其他单位投资；同时投资也包括对企业内部长期资产的投资。

### 3. 资产管理

连锁企业的资产管理主要有现金管理、存货管理和固定资产管理三方面的内容。

（1）现金管理。

现金是流动性最强的资产，可以满足企业生产经营的各种开支需要，现金的管理对于企业来说十分重要。连锁企业应加强对现金收入和支出的管理，通过编制现金预算来管理现金流量，在日常的工作中，企业应重视现金实物和银行存款的管理。

（2）存货管理。

企业的存货占流动资产比重较大。存货利用程度，即库存商品的储存及销售情况，对企业财务状况影响极大，因此加强存货的规划与控制，使存货保持在最优水平上，已成为财务管理的一项非常重要的内容。

（3）固定资产管理。

连锁企业的固定资产由总部统一核算，折旧由总部统一计提，分店不分摊。分店设置固定资产实物卡，并承担固定资产的修理费用，同时分店须对所拥有的固定资产列出明细实物卡，由专人登记，定期盘点，要保证物卡相符。固定资产的采购、添置、调拨、报废均由总部掌管，分店无权处理。

### 4. 成本费用管理

成本是指为了达到某一目的，在生产经营活动中发生的人力、物力和财力消耗。

（1）成本费用的类型。

连锁企业的成本费用主要包括商品采购成本、经营费用、管理费用、财务费用等。

（2）成本费用管理的内容。

作为连锁企业，在成本控制上首先要货比三家，在保证质量的同时，努力降低采购成本，特别是发挥连锁企业的优势，通过集中采购降低成本；其次，要与供应商建立良好的长期合作关系，以减少不必要的费用。

### 5. 税金管理

连锁经营企业的税金管理原则上由总部统一核算，统一缴纳，统一管理，总部要设置应缴税金总账、明细账，根据总账、明细账编制有关报表，定期缴纳税金。缴纳办法如下：对于总部和各分店属于同一法人的连锁经营企业，如总部和所属店铺在同一区域内的，由总部向税务及工商部门登记注册，统一缴纳增值税、所得税及其他各种税负，统一办理法人执照及营业执照，店铺只办理经营执照，国家对企业在税收上的优惠政策，也由税务部门直接下达连锁总部；总部和所属店铺不在同一区域内，可由总部向其所在地主管税务机关统一申报缴纳增值税，各分店没有此项义务。如果各分店铺处于委托法人的地位，可实行属地纳税。对于均为独立法人的特许连锁和自愿连锁企业，其纳税地点不变，由各独立核算门店分别向所在地税务机关申报缴纳增值税。

## 三、连锁企业财务管理的重点

作为连锁企业终端的店铺，在财务管理上，应该注意以下三个重点。

### 1. 控制财务开支

要想使店铺的财务状况顺利、正常，一个最基本的办法就是要控制店铺的运营成本。店铺应对每个月的经营支出列出明细并进行分析。作为店主，对店铺的费用支出的控制要从员工工资、人事费用、固定费用支出和变动费用支出这四个项目入手。一般来说，店铺应把握以下六个要点对经费开支进行控制：

（1）店员薪金总额不得超过经费的 50%；

（2）人事费用与销售总额之比要小于 6%；

（3）经费与销售总额之比应在 15%以内；

（4）经费与销售总利益之比应在 80%以内；

（5）固定费用占总经费之比应在 85%左右；

（6）变动费用占总经费之比应为 15%左右。

### 2. 规范财务制度

制定并严格执行有关的财务制度，是店铺规范化管理的一部分，也是店铺生存发展的有力保障。

（1）奖惩分明。

要确保每个员工理解每一项财务制度，并在实践中坚决予以贯彻执行。如有任何问题出现，应追查责任，并予以适当处理。

（2）公私分明。

特别是对于特许经营的店主来说，可能会认为店铺是自己的，还有什么自己不能用、不能管的呢？这种想法是错误的。因为许多加盟店铺经营混乱的财务状况，在很大程度上是与店主公私不分有直接关系的。本来加盟店的现金周转、利润水平都处于相对理想的状态，但店主个人的高消费可能会严重影响店铺的财务状况。

所以，应尽量减少店铺运营过程中的不可预计因素，以保证店铺的正常运营与发展。解决加盟店主无“收入”的问题，使其公私分开的方法很简单，就是店主给自己开一份适当的月工资。

### 3. 合法节税

合法节税，在此强调的是在合法的前提下。税法中的相关规定会对偷税、逃税和漏税行为给予严厉的打击。店铺应该严格依法行事，尤其是在店主普遍设有内、外账的情况下，如果被发现有逃、漏税行为，罚款将是应缴税额的 5～20 倍。有时 50 万元的营业额，可能不得不补缴 30 万～40 万元的税款，反而得不偿失。

一般来说，店铺的税务项目包括营业税、所得税、契税或房屋税等，每月营业额在 20

万元以下的商家虽可免用统一发票，只需要缴纳1%的营业税，但免用发票不能享有进项税额（5%）和销项税额（5%）互抵的优惠。连锁店可先行估算比较，决定是否使用发票。

## 复习思考题

1. 物流在连锁系统中有什么作用？
2. 连锁企业的配送中心有哪些功能？
3. 简述POS系统运作的基本组件。
4. 连锁企业的培训可采用哪些形式来进行？
5. 连锁企业财务管理的重点是什么？

## 案例分析

### 物美超市——信息化系统解决方案

北京物美超市有限公司是北京地区知名的超市连锁企业，该企业实行商品统一采购和统一配送，商品进、销、存及配送业务实行计算机管理。

**一、物美超市的需求**

随着经营规模不断扩大和超市连锁店铺数目不断增加，物美超市面临商品进、销、存的管理压力。其存在的主要问题如下。

（1）随着连锁店铺数目的不断增加，连锁总店在分店的订货和配送管理上，面临巨大的压力。在下属店铺的订货、验货、退货、调货等流程中，由于商品种类繁多，若使用传统的电话、传真，就存在着管理复杂、手续繁多、差错率高、不利于统计等诸多问题。

（2）在总店对下属店铺所开展的管理工作方面，销售数据的上报、汇总，订单的上报、汇总，新品发布，促销活动，变价通知，淘汰商品通知等信息，用传统的电话或传真方式，花费了巨大的人力和物力，并且存在准确率低、效率低等问题。

（3）如果自主投资建设联网的商业MIS，则面临着投资巨大，网络通信费用高昂，技术人员配备不足，运营、维护费用高等问题，而且在高技术投资、软件开发、系统升级、人员培训方面，也存在巨大的风险。

**二、解决方案**

物美超市在2000年引进了“流通业供应链管理解决方案”系统，有效地解决了企业内部的管理困难。该系统所需的高性能服务器、软件、网络、数据备份系统，皆由网商世界公司负责构建、运营和维护，并在互联网上为客户提供了一个供应链管理平台。在实施过程中，物美总部及下属36家店铺在1个月内便完成了系统接入、商品管理（包括商品主档及价格等信息）、在线商品订购、机构管理设置、操作人员培训等全套工作。

在应用中，上述解决方案包括两个界面：一个界面是总部操作或管理人员登录进入的界面，它包括了商品管理、下属店铺管理、供应商管理、加盟店管理、信息发布、外部信息获取、交易管理（合同、订单、结算管理）、统计与查询等功能模块；另一个界面是连锁超市的下属店铺操作人员登录进入的界面，它包括了商品管理、信息发布、外部信息获取、交易管理（订货单、验收单、退货单、交易查询）、统计与查询等功能。该系统功能模块的详细内容如下。

1. 总部支持系统

（1）建立供货清单。连锁总部根据自己可提供的商品，在网络系统上建立商品供货清单，供下属店铺及加盟店在线选订，商品按分类列表。对于已经拥有自己的信息管理系统的连锁超市企业，系统支持把已有商品数据库中的数据转成可供大家共享的商品供货清单。

（2）订单处理和送货。系统将所有店铺的订单汇总交付连锁总部，总部首先对订单进行审核，审核方式包括最小订货量和差异值报警等，并生成出货单转交给配送中心，配送中心则按出货单给店铺送货，同时将出货单提交系统的管理者——网商世界公司进行备份。

（3）信息管理。该系统为实现对下属店铺的管理工作，在信息管理模块中，提供了新品、促销、变价、淘汰商品的信息发布，而且在信息发布功能中，可有选择地指定将信息发送给下属店铺。

（4）店铺数据回收。回收的数据包括店铺的订货情况、订单状况和订货总量统计、店铺收货差异报警、店铺收入报表汇总等。在为总部收取这些准确数据的同时，系统还为总部提供了功能强大的统计分析、报表生成工具。

2. 店铺支持系统

（1）接收和发布信息。店铺可随时查看总部发布的新品、促销、变价、淘汰商品的信息；同时，店铺可向总部反馈信息，或是发布自己的其他信息。

（2）订单生成。店铺通过密码进入商品清单，并直接选择本店铺所需的商品。系统同时提供了基于商品代码的快捷订货方式，并在操作员确认后自动形成订货单。店铺可离线制作订单，以减少通信费用。

（3）订单提交。订货单通过本系统提交到连锁总部。

（4）验收单提交。店铺收到货后签收验收单，并根据订货单和实收商品，向系统提交验收单。

（5）差异表。系统自动地将店铺验收单与连锁总部的出货单比较，并生成商品差异表，提交给连锁总部，以供财务进行结算。

（6）系统还可完成退货支持及收支报表功能。

3. 店铺间调拨系统

本系统可满足连锁超市中存在的店铺之间调拨需求，如从A店向B店调拨商品，其过程为A店填写调出单，B店接货后填写调入单并签收。系统为此备有相应的功能。

资料来源：赵越春. 连锁经营管理概论. 北京：科学出版社，2006.

### 思考题

1. 物美超市的信息化系统具有哪些功能?
2. 通过上述案例，分析信息化系统对连锁企业发展的意义。

## 实训项目

1. 以小组为单位，编制一份连锁超市人员招聘计划，对招聘计划进行现场评比，确定优胜小组，并按其制订的招聘计划进行模拟招聘。

2. 试从网上调查目前连锁企业与供应商之间的关系，以及不同规模的连锁企业建立的配送中心的数量和规模情况。

# 附录A

# 商业特许经营管理条例

## 第一章　总　　则

第一条　为规范商业特许经营活动，促进商业特许经营健康、有序发展，维护市场秩序，制定本条例。

第二条　在中华人民共和国境内从事商业特许经营活动，应当遵守本条例。

第三条　本条例所称商业特许经营（以下简称特许经营），是指拥有注册商标、企业标志、专利、专有技术等经营资源的企业（以下称特许人），以合同形式将其拥有的经营资源许可其他经营者（以下称被特许人）使用，被特许人按照合同约定在统一的经营模式下开展经营，并向特许人支付特许经营费用的经营活动。

企业以外的其他单位和个人不得作为特许人从事特许经营活动。

第四条　从事特许经营活动，应当遵循自愿、公平、诚实信用的原则。

第五条　国务院商务主管部门依照本条例规定，负责对全国范围内的特许经营活动实施监督管理。省、自治区、直辖市人民政府商务主管部门和设区的市级人民政府商务主管部门依照本条例规定，负责对本行政区域内的特许经营活动实施监督管理。

第六条　任何单位或者个人对违反本条例规定的行为，有权向商务主管部门举报。商务主管部门接到举报后应当依法及时处理。

## 第二章　特许经营活动

第七条　特许人从事特许经营活动应当拥有成熟的经营模式，并具备为被特许人持续提供经营指导、技术支持和业务培训等服务的能力。

特许人从事特许经营活动应当拥有至少 2 个直营店，并且经营时间超过 1 年。

第八条　特许人应当自首次订立特许经营合同之日起 15 日内，依照本条例的规定向商务主管部门备案。在省、自治区、直辖市范围内从事特许经营活动的，应当向所在地省、自治区、直辖市人民政府商务主管部门备案；跨省、自治区、直辖市范围从事特许经营活动的，应当向国务院商务主管部门备案。

特许人向商务主管部门备案，应当提交下列文件、资料：

（一）营业执照复印件或者企业登记（注册）证书复印件；

（二）特许经营合同样本；

（三）特许经营操作手册；

（四）市场计划书；

（五）表明其符合本条例第七条规定的书面承诺及相关证明材料；

（六）国务院商务主管部门规定的其他文件、资料。

特许经营的产品或者服务，依法应当经批准方可经营的，特许人还应当提交有关批准文件。

第九条　商务主管部门应当自收到特许人提交的符合本条例第八条规定的文件、资料之日起 10 日内予以备案，并通知特许人。特许人提交的文件、资料不完备的，商务主管部门可以要求其在 7 日内补充提交文件、资料。

第十条　商务主管部门应当将备案的特许人名单在政府网站上公布，并及时更新。

第十一条　从事特许经营活动，特许人和被特许人应当采用书面形式订立特许经营合同。

特许经营合同应当包括下列主要内容：

（一）特许人、被特许人的基本情况；

（二）特许经营的内容、期限；

（三）特许经营费用的种类、金额及其支付方式；

（四）经营指导、技术支持以及业务培训等服务的具体内容和提供方式；

（五）产品或者服务的质量、标准要求和保证措施；

（六）产品或者服务的促销与广告宣传；

（七）特许经营中的消费者权益保护和赔偿责任的承担；

（八）特许经营合同的变更、解除和终止；

（九）违约责任；

（十）争议的解决方式；

（十一）特许人与被特许人约定的其他事项。

第十二条　特许人和被特许人应当在特许经营合同中约定，被特许人在特许经营合同订立后一定期限内，可以单方解除合同。

第十三条　特许经营合同约定的特许经营期限应当不少于 3 年。但是，被特许人同意的除外。

特许人和被特许人续签特许经营合同的，不适用前款规定。

第十四条　特许人应当向被特许人提供特许经营操作手册，并按照约定的内容和方式为被特许人持续提供经营指导、技术支持、业务培训等服务。

第十五条　特许经营的产品或者服务的质量、标准应当符合法律、行政法规和国家有关规定的要求。

第十六条　特许人要求被特许人在订立特许经营合同前支付费用的，应当以书面形式向被特许人说明该部分费用的用途以及退还的条件、方式。

第十七条　特许人向被特许人收取的推广、宣传费用，应当按照合同约定的用途使用。推广、宣传费用的使用情况应当及时向被特许人披露。

特许人在推广、宣传活动中，不得有欺骗、误导的行为，其发布的广告中不得含有宣传被特许人从事特许经营活动收益的内容。

第十八条　未经特许人同意，被特许人不得向他人转让特许经营权。

被特许人不得向他人泄露或者允许他人使用其所掌握的特许人的商业秘密。

第十九条　特许人应当在每年第一季度将其上一年度订立特许经营合同的情况向商务主管部门报告。

## 第三章　特许经营合同

第二十条　特许人应当依照国务院商务主管部门的规定，建立并实行完备的信息披露制度。

第二十一条　特许人应当在订立特许经营合同之日前至少30日，以书面形式向被特许人提供本条例第二十二条规定的信息，并提供特许经营合同文本。

第二十二条　特许人应当向被特许人提供以下信息：

（一）特许人的名称、住所、法定代表人、注册资本额、经营范围以及从事特许经营活动的基本情况；

（二）特许人的注册商标、企业标志、专利、专有技术和经营模式的基本情况；

（三）特许经营费用的种类、金额和支付方式（包括是否收取保证金以及保证金的返还条件和返还方式）；

（四）向被特许人提供产品、服务、设备的价格和条件；

（五）为被特许人持续提供经营指导、技术支持、业务培训等服务的具体内容、提供方式和实施计划；

（六）对被特许人的经营活动进行指导、监督的具体办法；

（七）特许经营网点投资预算；

（八）在中国境内现有的被特许人的数量、分布地域以及经营状况评估；

（九）最近2年的经会计师事务所审计的财务会计报告摘要和审计报告摘要；

（十）最近5年内与特许经营相关的诉讼和仲裁情况；

（十一）特许人及其法定代表人是否有重大违法经营记录；

（十二）国务院商务主管部门规定的其他信息。

第二十三条　特许人向被特许人提供的信息应当真实、准确、完整，不得隐瞒有关信息，或者提供虚假信息。

特许人向被特许人提供的信息发生重大变更的，应当及时通知被特许人。

特许人隐瞒有关信息或者提供虚假信息的，被特许人可以解除特许经营合同。

## 第四章　法律责任

第二十四条　特许人不具备本条例第七条第二款规定的条件，从事特许经营活动的，由商务主管部门责令改正，没收违法所得，处 10 万元以上 50 万元以下的罚款，并予以公告。

企业以外的其他单位和个人作为特许人从事特许经营活动的，由商务主管部门责令停止非法经营活动，没收违法所得，并处 10 万元以上 50 万元以下的罚款。

第二十五条　特许人未依照本条例第八条的规定向商务主管部门备案的，由商务主管部门责令限期备案，处 1 万元以上 5 万元以下的罚款；逾期仍不备案的，处 5 万元以上 10 万元以下的罚款，并予以公告。

第二十六条　特许人违反本条例第十六条、第十九条规定的，由商务主管部门责令改正，可以处 1 万元以下的罚款；情节严重的，处 1 万元以上 5 万元以下的罚款，并予以公告。

第二十七条　特许人违反本条例第十七条第二款规定的，由工商行政管理部门责令改正，处 3 万元以上 10 万元以下的罚款；情节严重的，处 10 万元以上 30 万元以下的罚款，并予以公告；构成犯罪的，依法追究刑事责任。

特许人利用广告实施欺骗、误导行为的，依照广告法的有关规定予以处罚。

第二十八条　特许人违反本条例第二十一条、第二十三条规定，被特许人向商务主管部门举报并经查实的，由商务主管部门责令改正，处 1 万元以上 5 万元以下的罚款；情节严重的，处 5 万元以上 10 万元以下的罚款，并予以公告。

第二十九条　以特许经营名义骗取他人财物，构成犯罪的，依法追究刑事责任；尚不构成犯罪的，由公安机关依照《中华人民共和国治安管理处罚法》的规定予以处罚。

以特许经营名义从事传销行为的，依照《禁止传销条例》的有关规定予以处罚。

第三十条　商务主管部门的工作人员滥用职权、玩忽职守、徇私舞弊，构成犯罪的，依法追究刑事责任；尚不构成犯罪的，依法给予处分。

## 第五章　附　　则

第三十一条　特许经营活动中涉及商标许可、专利许可的，依照有关商标、专利的法律、行政法规的规定办理。

第三十二条　有关协会组织在国务院商务主管部门指导下，依照本条例的规定制定特许经营活动规范，加强行业自律，为特许经营活动当事人提供相关服务。

第三十三条　本条例施行前已经从事特许经营活动的特许人，应当自本条例施行之日起 1 年内，依照本条例的规定向商务主管部门备案；逾期不备案的，依照本条例第二十五条的规定处罚。

前款规定的特许人，不适用本条例第七条第二款的规定。

第三十四条　本条例自 2007 年 5 月 1 日起施行。

# 附录B

# 零售商促销行为管理办法

第一条　为了规范零售商的促销行为，保障消费者的合法权益，维护公平竞争秩序和社会公共利益，促进零售行业健康有序发展，根据有关法律法规，制定本办法。

第二条　零售商在中华人民共和国境内开展的促销活动适用本办法。

第三条　本办法所称零售商是指依法在工商行政管理部门登记注册，直接向消费者销售商品的企业及其分支机构、个体工商户。

本办法所称促销是指零售商为吸引消费者、扩大销售而开展的营销活动。

第四条　零售商开展促销活动应当遵循合法、公平、诚实信用的原则，遵守商业道德，不得开展违反社会公德的促销活动，不得扰乱市场竞争秩序和社会公共秩序，不得侵害消费者和其他经营者的合法权益。

第五条　零售商开展促销活动应当具备相应的安全设备和管理措施，确保消防安全通道的畅通。对开业、节庆、店庆等规模较大的促销活动，零售商应当制定安全应急预案，保证良好的购物秩序，防止因促销活动造成交通拥堵、秩序混乱、疾病传播、人身伤害和财产损失。

第六条　零售商促销活动的广告和其他宣传，其内容应当真实、合法、清晰、易懂，不得使用含糊、易引起误解的语言、文字、图片或影像。不得以保留最终解释权为由，损害消费者的合法权益。

第七条　零售商开展促销活动，应当在经营场所的显著位置明示促销内容，促销内容应当包括促销原因、促销方式、促销规则、促销期限、促销商品的范围，以及相关限制性条件等。

对不参加促销活动的柜台或商品，应当明示，并不得宣称全场促销；明示例外商品，含有限制性条件、附加条件的促销规则时，其文字、图片应当醒目明确。

零售商开展促销活动后在明示期限内不得变更促销内容，因不可抗力而导致的变更除外。

第八条　零售商开展促销活动，其促销商品（包括有奖销售的奖品、赠品）应当依法纳税。

第九条　零售商开展促销活动应当建立健全内部价格管理档案，如实、准确、完整记录促销活动前、促销活动中的价格资料，妥善保存并依法接受监督检查。

第十条　零售商开展促销活动应当明码标价，价签价目齐全，标价内容真实明确，字迹清晰，货签对位，标志醒目。不得在标价之外加价出售商品，不得收取任何未予明示的费用。

第十一条　零售商开展促销活动，不得利用虚构原价打折或者使人误解的标价形式或价格手段欺骗、诱导消费者购买商品。

第十二条　零售商开展促销活动，不得降低促销商品（包括有奖销售的奖品、赠品）的质量和售后服务水平，不得将质量不合格的物品作为奖品、赠品。

第十三条　零售商开展有奖销售活动，应当展示奖品、赠品，不得以虚构的奖品、赠品价值额或含糊的语言文字误导消费者。

第十四条　零售商开展限时促销活动的，应当保证商品在促销时段内的充足供应。

零售商开展限量促销活动的，应当明示促销商品的具体数量。连锁企业所属多家店铺同时开展限量促销活动的，应当明示各店铺促销商品的具体数量。限量促销的，促销商品售完后应即时明示。

第十五条　零售商开展积分优惠卡促销活动的，应当事先明示获得积分的方式、积分有效时间、可以获得的购物优惠等相关内容。

消费者办理积分优惠卡后，零售商不得变更已明示的前款事项；增加消费者权益的变更除外。

第十六条　零售商不得虚构清仓、拆迁、停业、歇业、转行等事由开展促销活动。

第十七条　消费者要求提供促销商品发票或购物凭证的，零售商应当即时开具，并不得要求消费者负担额外的费用。

第十八条　零售商不得以促销为由拒绝退、换货或者为消费者退、换货设置障碍。

第十九条　鼓励行业协会建立商业零售企业信用档案，加强自律，引导零售商开展合法、公平、诚实信用的促销活动。

第二十条　单店营业面积在3 000平方米以上的零售商，以新店开业、节庆、店庆等名义开展促销活动，应当在促销活动结束后十五日内，将其明示的促销内容，向经营场所所在地的县级以上（含县级）商务主管部门备案。

第二十一条　各地商务、价格、税务、工商等部门依照法律法规及有关规定，在各自职责范围内对促销行为进行监督管理。对涉嫌犯罪的，由公安机关依法予以查处。

第二十二条　对违反本办法规定的行为，任何单位和个人均可向上述单位举报，相关单位接到举报后，应当依法予以查处。

第二十三条　零售商违反本办法规定，法律法规有规定的，从其规定；没有规定的，责令改正，有违法所得的，可处违法所得三倍以下罚款，但最高不超过三万元；没有违法所得的，可处一万元以下罚款；并可予以公告。

第二十四条　各省、自治区、直辖市可结合本地实际，制定规范促销行为的有关规定。

第二十五条　本办法由商务部、发展改革委、公安部、税务总局、工商总局负责解释。

第二十六条　本办法自2006年10月15日起施行。

# 参 考 文 献


[1] 周勇，冯国珍．连锁经营管理原理．上海：立信会计出版社，2011．
[2] 彭娟．连锁经营管理基本原理与实务．北京：中国水利水电出版社，2011．
[3] 张倩．连锁经营管理原理与实务．北京：机械工业出版社，2012．
[4] 肖怡．企业连锁经营与管理．大连：东北财经大学出版社，2009．
[5] 郭延江．连锁经营管理技术．北京：清华大学出版社，2010．
[6] 杨高英，宁秀君．连锁企业经营管理与实务．北京：化学工业出版社，2012．
[7] 郑光财．连锁经营实务．北京：中国人民大学出版社，2012．
[8] 严世清，戴军．企业连锁经营管理．西安：西安交通大学出版社，2011．
[9] 王红，李盾．特许经营 ABC．北京：对外经济贸易大学出版社，2003．
[10] 王霖．特许经营．北京：中国工人出版社，2001．
[11] 张晓琳．中国大卖场．北京：企业管理出版社，2003．
[12] 胡玉玲，肖秀莉，李桂双．超市营销．北京：企业管理出版社，2003．
[13] 王宜泰，肖焕伟，王兆燕．新编商业经济学．上海：立信会计出版社，1995．
[14] 中国连锁经营协会．特许加盟成功之路．北京：经济日报出版社，2004．
[15] 汪劲．开店必读．成都：西南财经大学出版社，1998．
[16] 何森．连锁为王．北京：中国经济出版社，2004．
[17] 朱明侠．特许经营案例集．北京：经济科学出版社，2003．
[18] 王利平．连锁商店经营与发展．北京：中国人民大学出版社，1999．
[19] 黄福华，田野，周文．现代连锁超市经营管理实务．长沙：湖南科学技术出版社，2003．
[20] 韩光军．零售店经营手册．北京：经济管理出版社，2001．
[21] 娄炳林．广告理论与实务．北京：高等教育出版社，2002．
[22] 吴肇鸿，张党良．连锁经营．南京：河海大学出版社，1999．
[23] 俞浪复．麦当劳店铺管理手法．沈阳：辽宁科学技术出版社，2002．
[24] 韩肃．连锁经营管理．哈尔滨：哈尔滨工业大学出版社，2004．
[25] 李响．零售经营谋略筹划店铺．北京：民主与建设出版社，2000．
[26] 季辉．连锁商业营销管理．重庆：重庆大学出版社，2004．
[27] 李胜利，李晶晶．店铺促销．北京：民主与建设出版社，2002．
[28] 陈炳岐．麦当劳与肯德基．北京：中国经济出版社，2005．
[29] 萧野．连锁经营管理 300 问答．北京：中国纺织出版社，2005．
[30] 姜登武．连锁超市经营管理．北京：科学出版社，2005．
[31] 维华，陆颖蕊，侯吉建．特许经营概论．北京：机械工业出版社，2003．
[32] 王吉方．连锁经营管理教程．北京：中国经济出版社，2004．

[33] 吴建国. 流通现代化原理与实务. 北京：中国物资出版社，2003.
[34] 陆强华. 连锁经营. 北京：中国工人出版社，2001.
[35] 刘斌. 连锁物流. 北京：高等教育出版社，2001.
[36] 光罗. 消费心理学. 北京：中国物资出版社，2001.
[37] 锐智. 沃尔玛零售攻略. 广州：南方日报出版社，2004.
[38] 陈广. 家乐福超市攻略. 广州：南方日报出版社，2004.
[39] 徐印州. 零售连锁经营. 广州：广东经济出版社，2004.
[40] 白继洲. 卖场管理实务. 广州：广东经济出版社，2003.
[41] 姚昆遗，邹炜. 超市经营管理实务. 沈阳：辽宁科学技术出版社，2004.
[42] 苏同华. 连锁店经营管理. 上海：立信会计出版社，1996.
[43] 赵越春. 连锁经营管理概论. 北京：科学出版社，2006.
[44] 倪宁. 麦当劳餐饮攻略. 广州：南方日报出版社，2004.
[45] 纪宝成. 市场营销学教程. 北京：中国人民大学出版社，2000.
[46] 张晔清. 连锁经营管理原理. 上海：立信会计出版社，2006.
[47] 赵涛. 连锁店经营管理. 北京：北京工业大学出版社，2002.
[48] 何春凯，发荣. 连锁制胜. 广州：广东旅游出版社，2002.
[49] 周树清. 连锁制胜. 北京：中国国际广播出版社，2002.
[50] 文志宏. 特许经营实务. 北京：电子工业出版社，2010.